I0754819

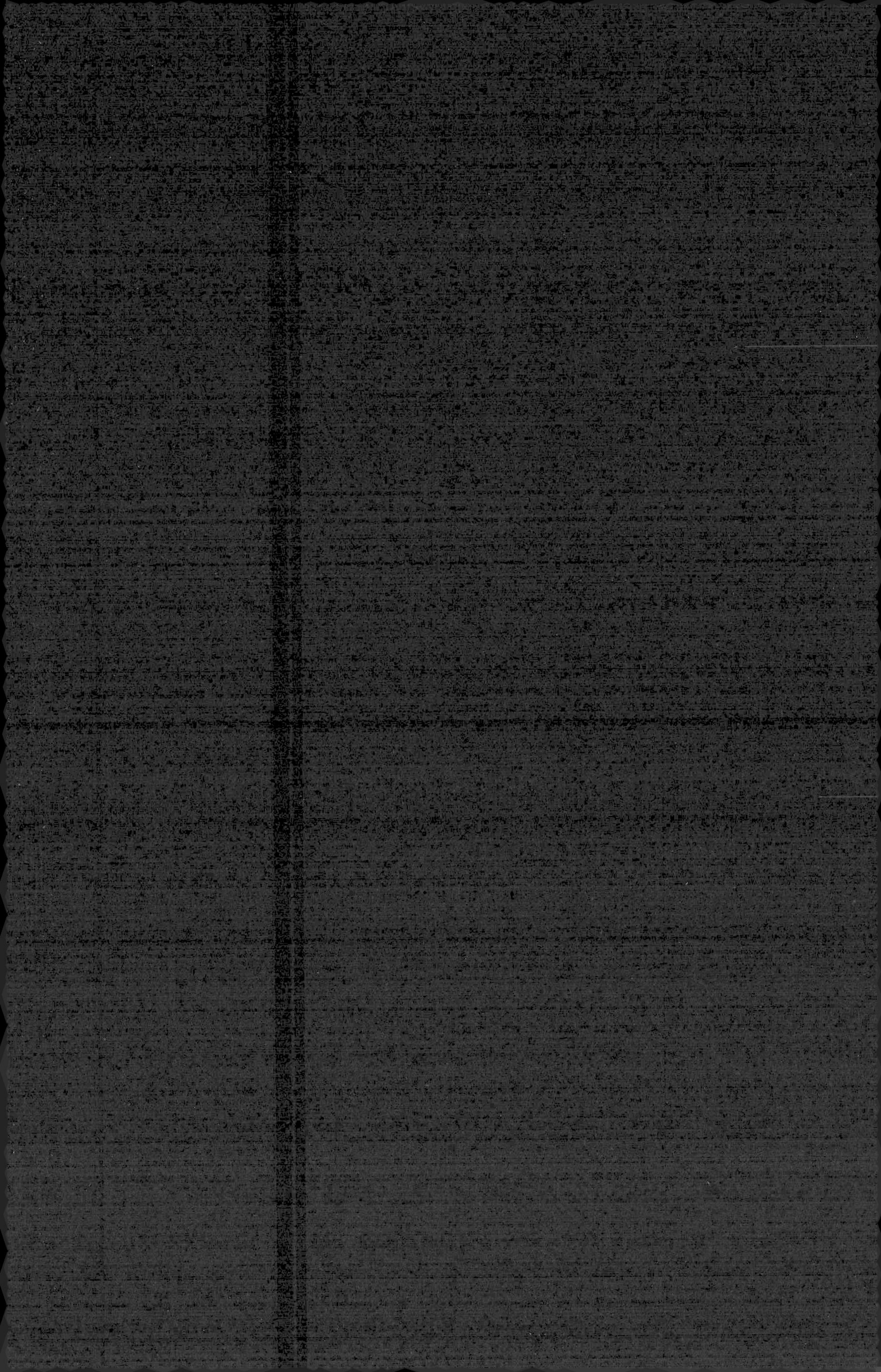

Luciana Jacobelli

GLADIATORI A POMPEI

Protagonisti, Luoghi, Immagini

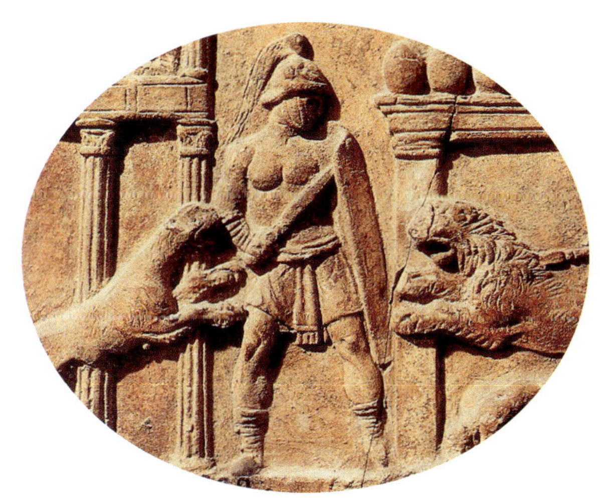

«L'ERMA» di BRETSCHNEIDER

«L'ERMA» di BRETSCHNEIDER
Direzione editoriale
Roberto Marcucci

Progetto grafico
Giovanni Portieri
«L'Erma» di Bretschneider
Progetti Editoriali Grandi Opere

Cura editoriale
Elena Montani

Elaborazione informatica
e impaginazione
Maurizio Pinto

Gladiatori a Pompei
Protagonisti, Luoghi, Immagini
Luciana Jacobelli

ISBN 88-8265-215-7

Referenze fotografiche:
Foto Studio Foglia
Soprintendenza Archeologica di Pompei
L. Jacobelli
Istituto Archeologico Germanico
Musee de la Civilisation Gallo-Romaine de Lyon

Finito di stampare in Todi nel mese di ottobre 2003 per conto de
«L'ERMA» di BRETSCHNEIDER
da LITOGRAF s.r.l.
Industria Grafica Editoriale

Sommario

A zia Vittoria
e ad Ina “la rossa”

Parte Prima

L'ISTITUZIONE

Origine e sviluppo

Le ipotesi sull'origine dei giochi gladiatori sono sostanzialmente due: la prima li fa risalire al mondo etrusco, la seconda all'ambiente osco-lucano. L'ipotesi dell'origine etrusca è basata essenzialmente su testimonianze letterarie (Ateneo, IV, 153f; Tertulliano, *Ad nationes* I, 10, 47 e *Apologetiucum,* XV, 5; Isidoro di Siviglia, *Origines* X, 159), ma mancano a tutt'oggi dati archeologici certi a conferma di questa tesi. Allo stato attuale delle conoscenze prevale la seconda ipotesi, quella cioè che considera i giochi gladiatori originari dell'ambiente osco-lucano. Da quest'area provengono infatti le più antiche rappresentazioni di combattimenti gladiatori, ritornate alla luce in tombe dipinte di Paestum, databili al IV secolo a.C. (fig. 1). Si tratta di scene di duelli,

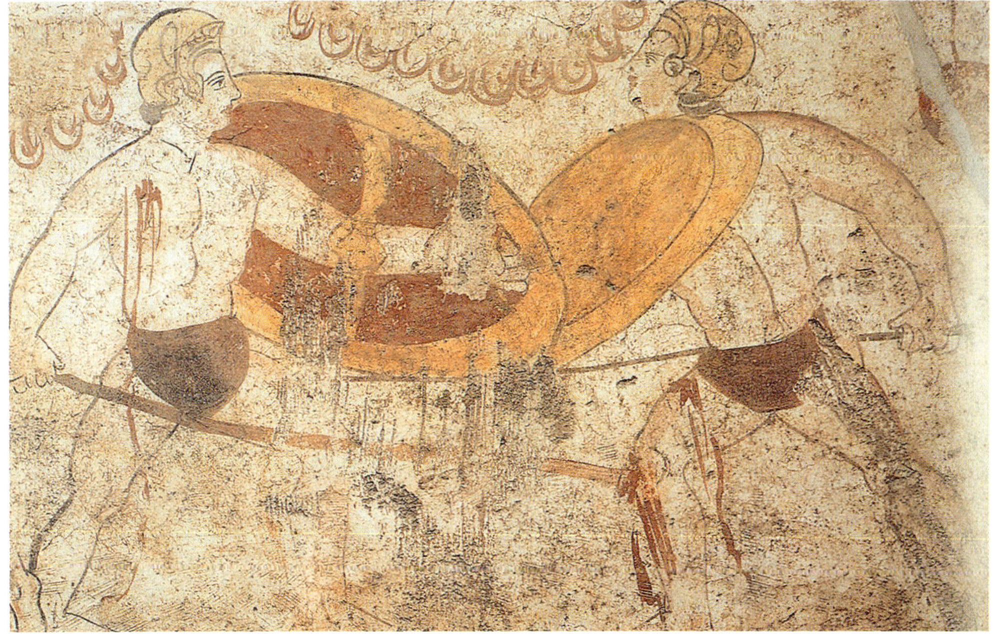

1. Paestum, Museo Archeologico (inv. 5014). Lastra tombale dalla necropoli in località Laghetto con scena di duello (IV sec. a.C.).

di pugilato, di corse di bighe, che alludono ai giochi funebri eseguiti durante i funerali di notabili locali. Dalla stessa area provengono alcuni vasi, sempre del IV secolo a.C., dipinti con scene di duelli che, insieme alle pitture, sono le immagini più antiche dei combattimenti gladiatori.

Originariamente, dunque, i giochi gladiatori erano legati al rituale funerario. Si trattava di una sorta di omaggio reso al defunto, di qui l'appellativo *munus* che significa "dovere, dono", con cui i giochi gladiatori erano designati presso gli antichi. Sulla base di testimonianze tarde (Tertulliano, *De Spectaculis* 12) alcuni studiosi hanno ipotizzato che il sangue delle vittime di questi combattimenti costituisse un'offerta destinata a placare i morti, e qualcuno vi ha visto il riflesso di presunti riti arcaici di sacrifici umani che avvenivano in occasione dei funerali.

Anche a Roma l'introduzione dei giochi gladiatori è legata ai riti funebri. Il primo spettacolo di gladiatori fu dato nel Foro Boario nel 264 a.C., per i funerali di Giunio Bruto Pera (Valerio Massimo, II, 4-7; Livio, *Perioche*, 16). Da quel momento i combattimenti gladiatori si diffusero nel rituale funerario dei Romani. Non era raro che il defunto stesso lasciasse per testamento disposizioni circa i suoi funerali, prescrivendo all'erede di offrire giochi che perpetuassero la memoria del suo nome, rendendo indimenticabile la cerimonia (Seneca, *De brevitate vitae*, XX, 6; Dione Cassio, XXXVII, 51). Ma ben presto i *munera* cominciarono a trasformarsi, perdendo il loro originario carattere di cerimonia funebre, ed acquisirono sempre più quello di spettacolo a se stante. Nel 105 a.C i consoli P. Rutilio Rufo e Cn. Manlio Massimo offrirono per la prima volta un combattimento senza motivazione specifica, inaugurando la serie di spettacoli pubblici (Valerio Massimo II, 3, 2). I giochi divennero così uno strumento indispensabile ai politici in carriera per acquistare fama e popolarità. I *munera gladiatoria* infatti erano talmente graditi al popolo – fatto in buona parte anche di elettori - che un magistrato particolarmente generoso nell'allestire uno spettacolo acquisiva una popolarità tale da assicurargli l'eleggibilità. Per questo motivo alla fine del periodo repubblicano i giochi divennero sempre più costosi e sontuosi, al punto che fu necessario promulgare una legge (*lex Tullia de ambitu*) in cui si impediva a personaggi pubblici di offrire spettacoli gladiatori nei due anni che precedevano l'elezione alla carica pubblica (Cicerone, *in Vatinium*, XV, 37). Per contro, già dalla fine del principato di Augusto divenne obbligatorio per i magistrati offrire uno spettacolo durante il loro anno di carica alla data fissata dal consiglio cittadino. La spesa era in parte a carico del magistrato e in parte della municipalità, ma talvolta il magistrato, con atto di magnanimità, rifiutava la sovvenzione pubblica e pagava lo spettacolo interamente di tasca sua.

Gli spettacoli gladiatori furono un importante mezzo di propaganda politica anche per l'imperatore, che con essi sapeva sia di poter aumentare la sua popolarità, sia di tenere buona la plebe turbolenta. Fu il poeta Giovenale (*Satire*, X, 81) che coniò il motto *panem et circenses* (pane e giochi) per stigmatizzare la politica del consenso attuata dagli imperatori romani nei confronti dei loro sudditi. Gli spettacoli gladiatori si protrassero fino al V secolo d.C. quando furono ufficialmente soppressi. Maggior durata ebbero le *venationes* (cacce) di cui si ha notizia fino al VI secolo d.C.

Le classi gladiatorie

In epoca repubblicana i gladiatori indossavano armature molto simili a quelle usate dai soldati in guerra. In seguito alla riforma realizzata dall'imperatore Augusto essi vennero divisi in varie classi in base al tipo di armatura indossata e alla modalità di combattimento. Non esiste un corrispettivo iconografico certo per tutti i tipi di gladiatori attestati dalle fonti letterarie o epigrafiche, e dunque per alcuni di tali tipi non abbiamo informazioni sufficienti per definire esaurientemente l'armamentario o l'avversario contro il quale combattessero. Inoltre anche per alcuni tipi noti di gladiatori sussistono dubbi e divergenze di opinioni fra gli studiosi circa l'identificazione. Si riportano qui di seguito le ipotesi più diffuse e più recenti circa l'individuazione e l'armamento delle classi gladiatorie più note e meglio attestate, in particolare a Pompei.

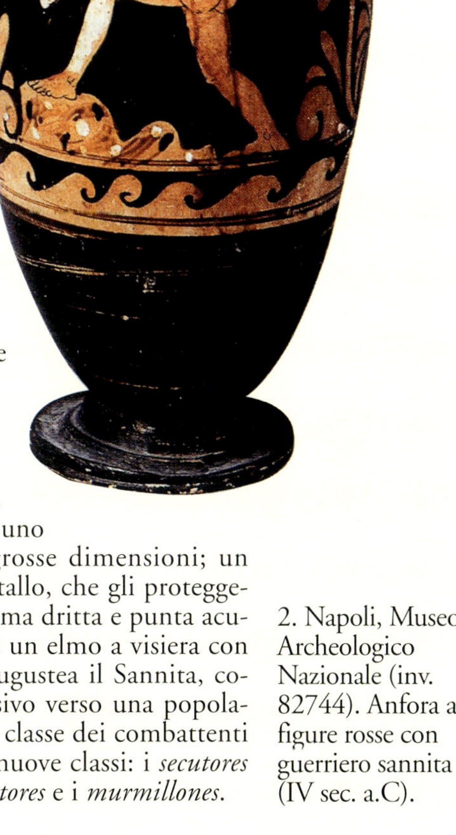

2. Napoli, Museo Archeologico Nazionale (inv. 82744). Anfora a figure rosse con guerriero sannita (IV sec. a.C).

1. Samnites

La classe dei Sanniti è la più antica fra quelle note. Secondo lo storico Tito Livio (IX, 40) nel 309 a.C. i Romani inflissero una dura sconfitta ai Sanniti, popolazione proveniente dall'attuale Sannio e Molise. I Campani, alleati dei Romani, si fecero assegnare una parte delle splendide armi abbandonate sui campi di battaglia dai Sanniti, e con esse abbigliarono i gladiatori che così presero questo nome (fig. 2). Il Sannita era armato pesantemente. Portava uno scudo (*scutum*) rotondo o rettangolare di grosse dimensioni; un gambale di cuoio (*ocrea*) forse guarnito di metallo, che gli proteggeva la gamba sinistra, ed una spada corta con lama dritta e punta acuminata (*gladio*), o una lancia. Era provvisto di un elmo a visiera con cimiero, adorno di piume (*galea*). In epoca augustea il Sannita, come gladiatore, scompare. Sarebbe stato offensivo verso una popolazione alleata dei Romani identificarla con una classe dei combattenti nell'arena. Il Sannita venne sostituito da due nuove classi: i *secutores* e gli *oplomachi*, o, secondo altri studiosi, i *secutores* e i *murmillones*.

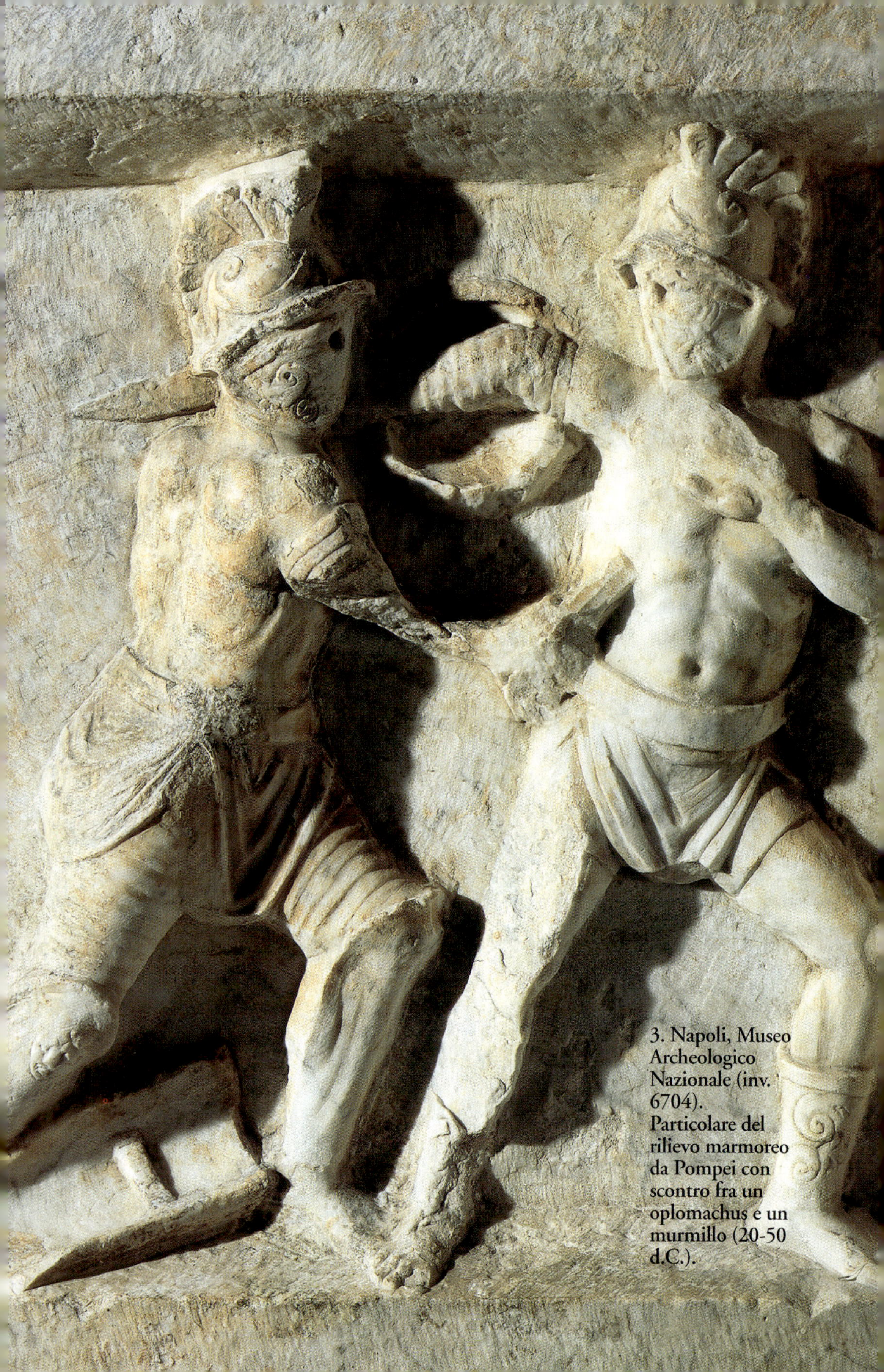

3. Napoli, Museo Archeologico Nazionale (inv. 6704). Particolare del rilievo marmoreo da Pompei con scontro fra un oplomachus e un murmillo (20-50 d.C.).

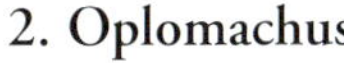

2. Oplomachus

Non è sempre facile l'individuazione di questo tipo di gladiatore, perché nelle raffigurazioni reca un'armatura simile a quella del *thraex*. Portava alti gambali ed un elmo imponente, ornato di piume e munito di un orlo ribattuto. A volte, al pari del trace, nelle immagini dell'*oplomachus* compaiono fasciature orizzontali a protezione delle cosce (fig. 3). A differenza del trace la sua arma di offesa era una spada dritta, non aveva la protome di grifo sull'elmo, e per difendersi aveva uno scudo piuttosto piccolo e rotondo. I suoi avversari appartenevano alla categoria dei traci o dei murmilloni.

4. Napoli, Museo Archeologico Nazionale (invv. 5666-5667). Gambali di thraex (I sec. d.C.).

5. Sepino, Antiquarium. Rilievo in pietra con combattimento fra un trace e un gladiatore con armatura pesante. Il vincitore è il trace che stringe la spada ricurva (sica), pronto all'affondo finale. (I sec. d.C.).

3. Thraex

Al pari dei Sanniti e dei Galli (dei quali non abbiamo però notizie sufficienti), il *Thraex* deriva il suo nome dai guerrieri della Tracia (odierna Bulgaria), con cui i Romani vennero in contatto al tempo delle guerre contro Mitridate. L'armamento del trace era costituito da un piccolo scudo (*parmula*) di forma quasi quadrata, fortemente convesso; da una *manica* al braccio destro e da due alti gambali spesso decorati all'altezza del ginocchio (fig. 4). L'arma più caratteristica di questo gladiatore era una spada corta e ricurva o piegata ad angolo, chiamata *sica* (fig. 5). Anche il suo elmo era particolare poiché generalmente era sormontato da un alto cimiero decorato con una protome

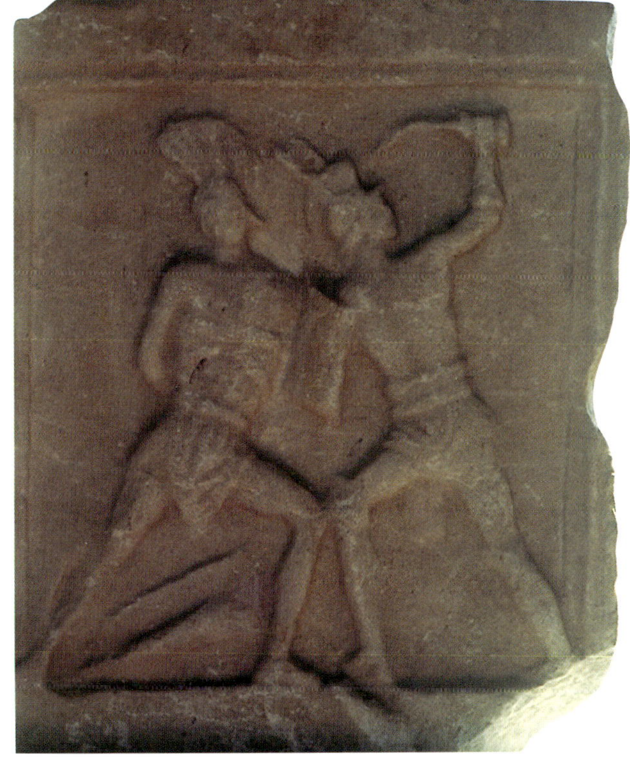

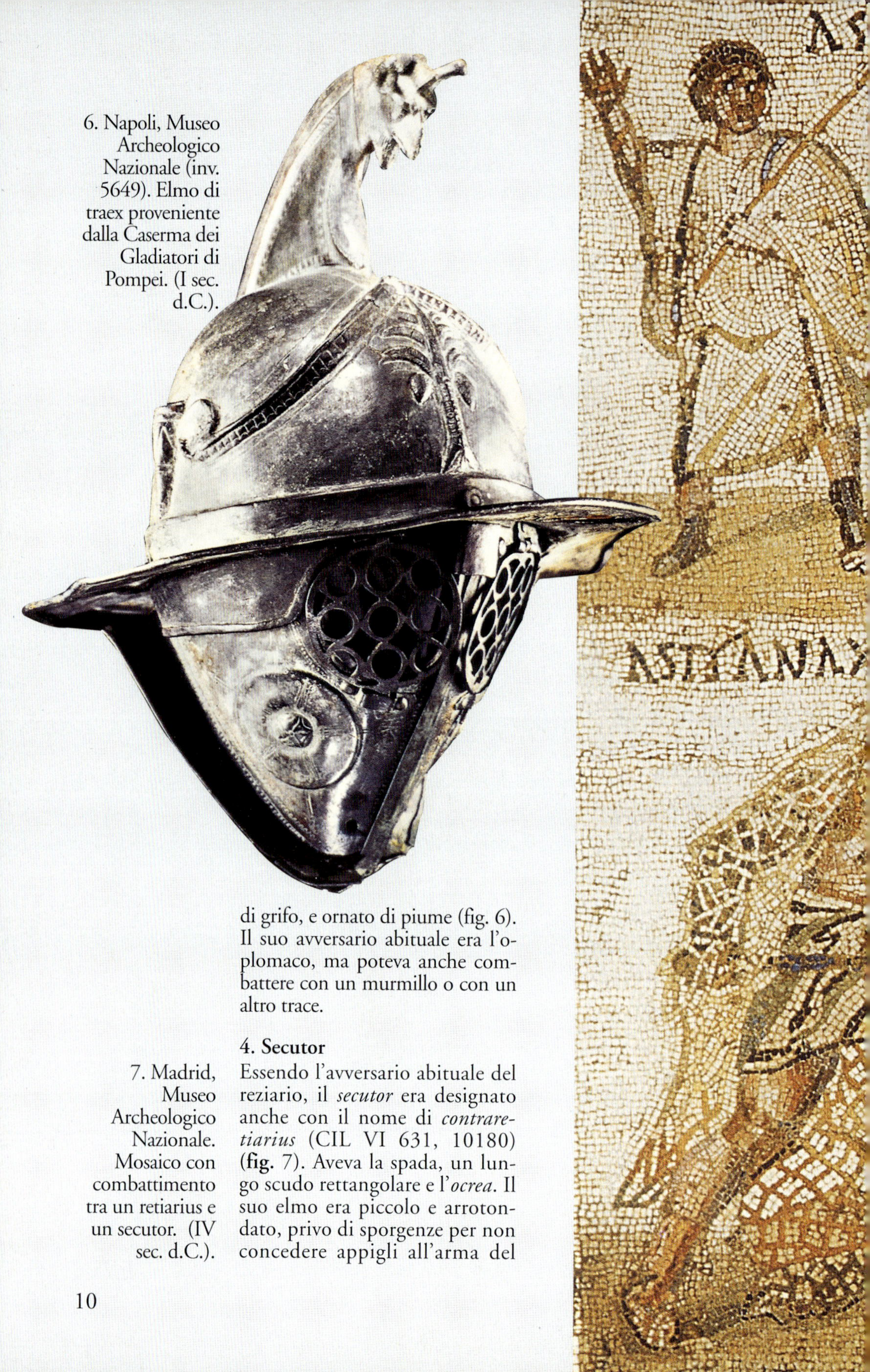

6. Napoli, Museo Archeologico Nazionale (inv. 5649). Elmo di traex proveniente dalla Caserma dei Gladiatori di Pompei. (I sec. d.C.).

di grifo, e ornato di piume (fig. 6). Il suo avversario abituale era l'oplomaco, ma poteva anche combattere con un murmillo o con un altro trace.

4. Secutor

Essendo l'avversario abituale del reziario, il *secutor* era designato anche con il nome di *contraretiarius* (CIL VI 631, 10180) (**fig.** 7). Aveva la spada, un lungo scudo rettangolare e l'*ocrea.* Il suo elmo era piccolo e arrotondato, privo di sporgenze per non concedere appigli all'arma del

7. Madrid, Museo Archeologico Nazionale. Mosaico con combattimento tra un retiarius e un secutor. (IV sec. d.C.).

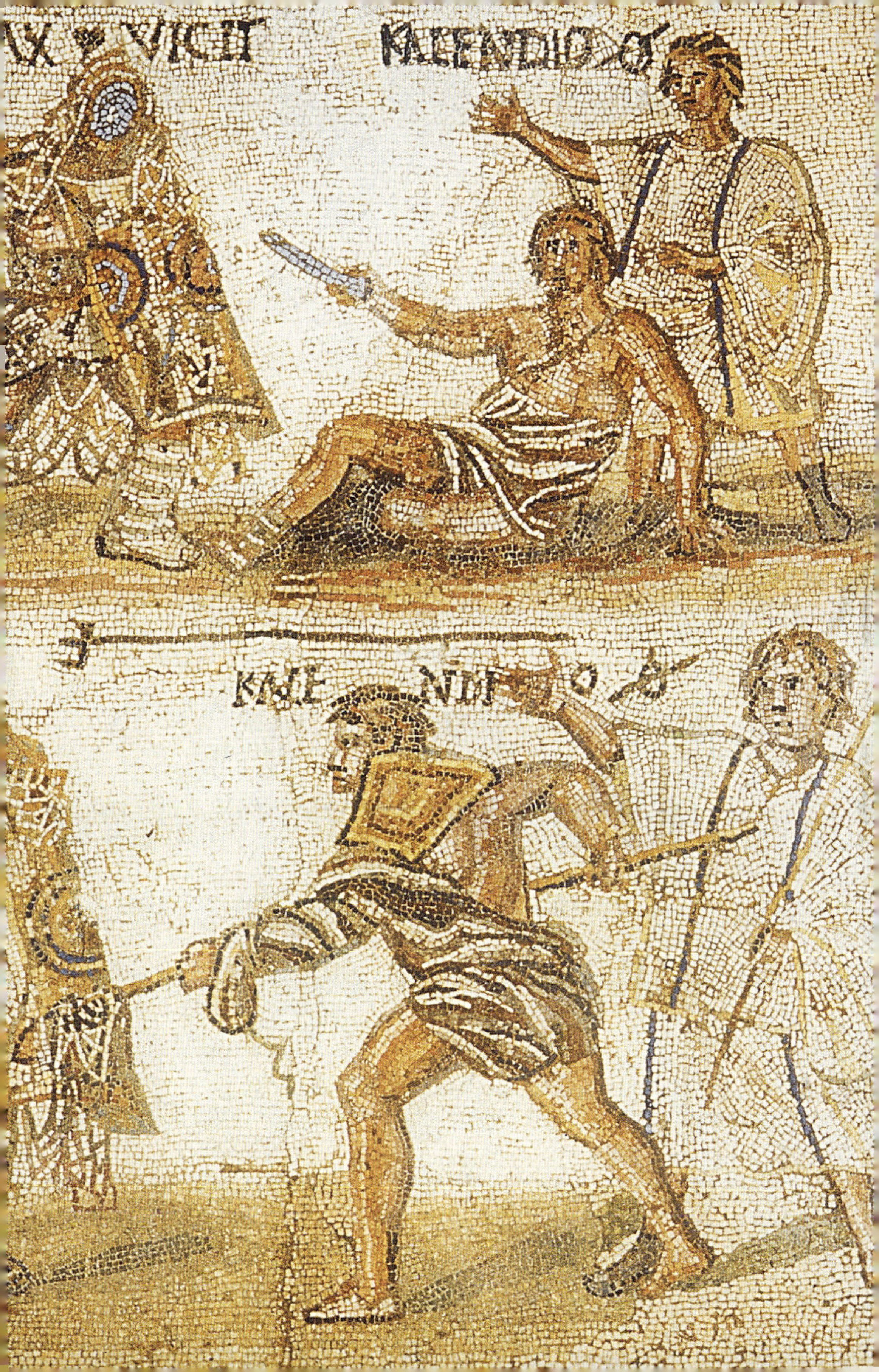
VICIT
KALENDIO

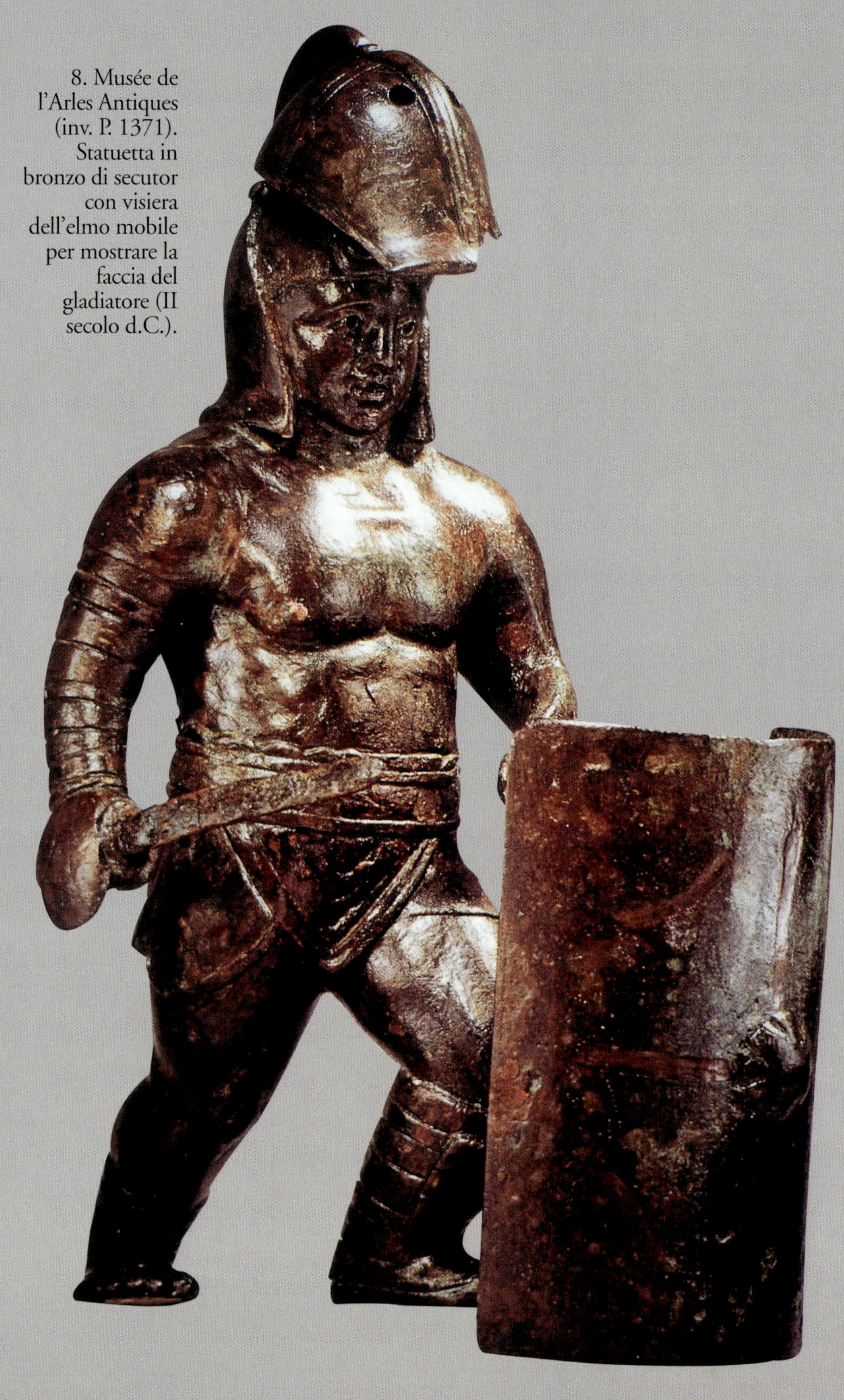

8. Musée de l'Arles Antiques (inv. P. 1371). Statuetta in bronzo di secutor con visiera dell'elmo mobile per mostrare la faccia del gladiatore (II secolo d.C.).

suo avversario, la rete (fig. 8). L'elmo era completamente chiuso sul davanti, con piccoli fori per gli occhi. La tattica di lotta del *secutor* era quella di avvicinarsi al suo avversario, proteggendosi con lo scudo. Il suo avversario, invece, cercava di evitare un combattimento ravvicinato in quanto le sue armi, rete e tridente, avevano effetto solo se manovrate da una certa distanza. Da parte sua il *secutor* aveva tutto l'interesse ad effettuare la sua manovra di avvicinamento nel più breve tempo possibile, poiché la sua armatura pesante e la ridotta disponibilità di aria che concedeva il suo elmo lo avrebbero stancato più velocemente del suo avversario, armato in modo più leggero.

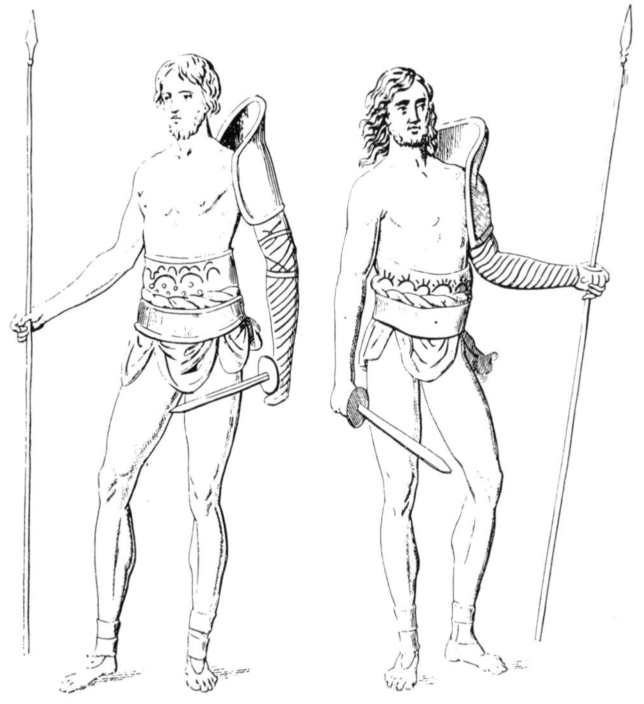

5. Retiarius

Questo gladiatore è facilmente riconoscibile, poiché le sue armi erano costituite da una rete e da un tridente. Il reziario, le cui tecniche si ispiravano forse a quelle del pescatore, cercava di avvolgere l'avversario con la rete e renderlo inoffensivo. Il tridente e una corta spada servivano come arma di attacco. Inoltre, una volta perduta la rete, il tridente, se tenuto con entrambe le mani, poteva servire anche per parare i colpi dell'avversario (fig. 7). L'abbigliamento del reziario era simile a quello degli altri gladiatori, ma con alcune particolarità. Anch'egli indossava il *subligaculum* - un perizoma che si allacciava al cinturone – e il bracciale o *manica*, che però non portava al braccio destro, come generalmente gli altri gladiatori, ma al sinistro, per meglio manovrare la rete (fig. 9). Un elemento del tutto particolare era il *galerus*, una placca di lamina bronzea di forma ret-

9. Disegno di due retiari dalla decorazione del podio dell'Anfiteatro di Pompei, ora scomparsa.

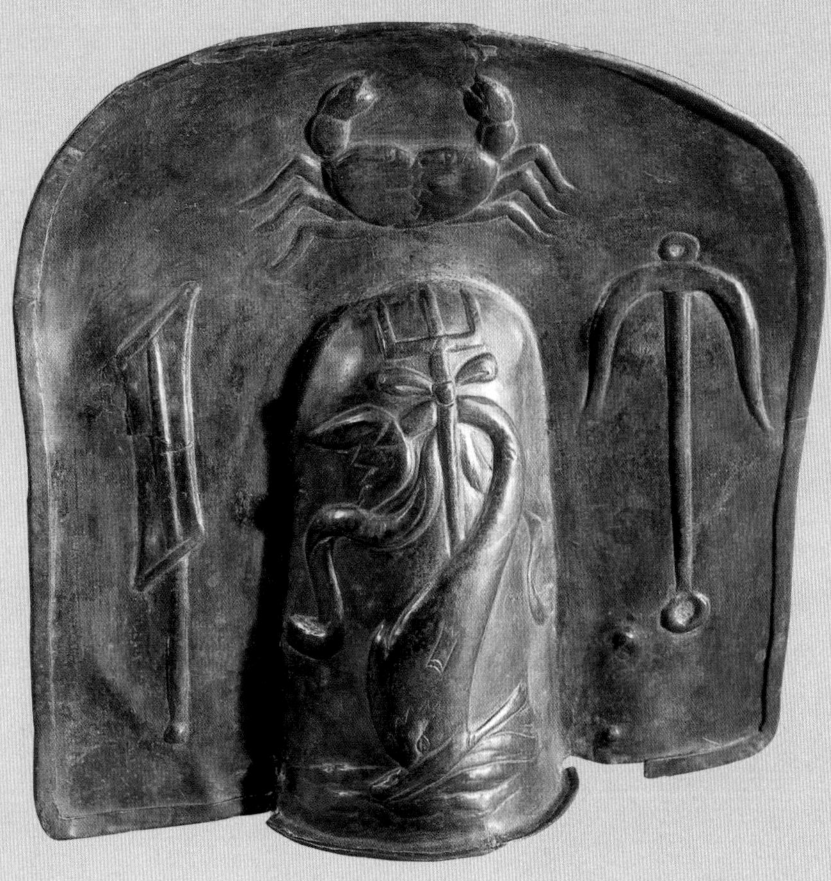

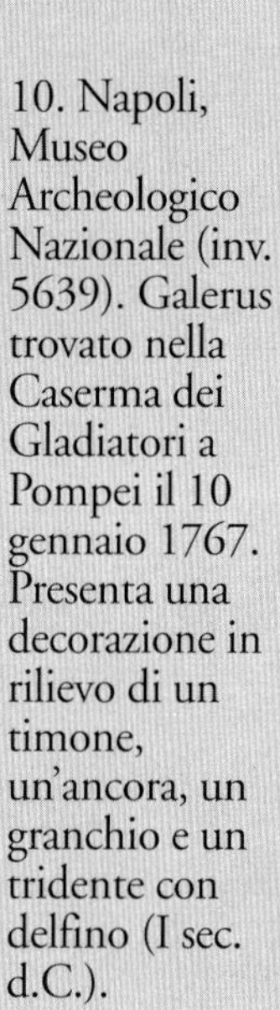

10. Napoli, Museo Archeologico Nazionale (inv. 5639). Galerus trovato nella Caserma dei Gladiatori a Pompei il 10 gennaio 1767. Presenta una decorazione in rilievo di un timone, un'ancora, un granchio e un tridente con delfino (I sec. d.C.).

tangolare fissata alla spalla sinistra e che si alzava al di sopra di questa per circa 12-13 centimetri per proteggere la testa, priva di elmo. Nel corso dello scavo del Quadriportico dei teatri a Pompei, furono ritrovati tre esemplari di *galerus*: uno decorato con simboli marini (fig. 10), un secondo con testa a rilievo di Ercole e di amorini, un terzo con incise le armi del retiario e la sigla RET / SECUND (di Secondo il reziario), con palma e corona, simboli di vittoria. I pezzi hanno dimensioni variabili fra i 30 e i 35 centimetri di altezza e larghezza, con un peso che si aggira intorno ad 1 Kg. Oltre che al *secutor* il *retiarius* poteva essere opposto al *murmillo*.

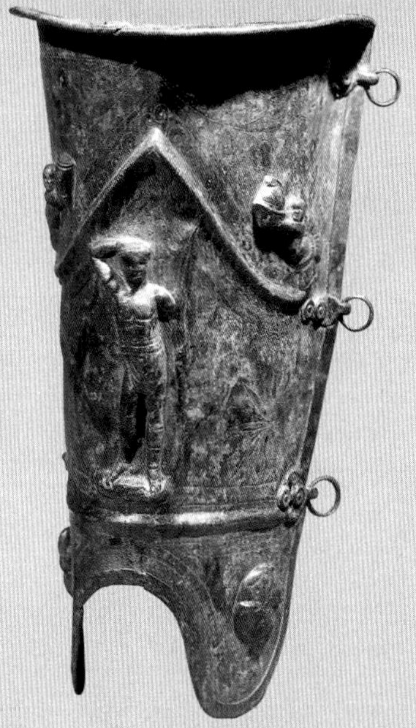

11. Napoli, Museo Archeologico Nazionale (inv. 5663). Schiniere di Murmillo da Pompei. È decorato con un gladiatore vittorioso con ramo di palma.

6. Murmillo

Il *murmillo* o *myrmillo* deriverebbe il suo nome da un pesce marino (*murma*) di cui il gladiatore portava l'effigie raffigurata sull'elmo. Si può ipotizzare che in origine egli combattesse contro il retiario, che con la sua rete ricorda appunto un pescatore. In seguito però il murmillo fu prevalentemente opposto al trace e all'oplomaco (fig. 3). Al pari degli altri gladiatori combatteva a torso nudo, indossava un corto perizoma (*subligaculum*) tenuto alla cintura (*balteus*); il braccio destro era protetto dalla *manica*, aveva una protezione alla gamba sinistra sopra la quale probabilmente portava un corto gambale munito di stringhe. Gambaletti di questo tipo, spesso confusi per parabraccia, sono ritornati alla luce ad Ercolano e Pompei (fig. 11). Il murmillo portava un elmo a visiera con cresta angolare su cui venivano applicate piume o crini di cavallo (fig. 12). Era dotato di un scudo rettangolare curvato (*scutum*), alto circa un metro, fatto di legno coperto da cuoio, e del peso cal-

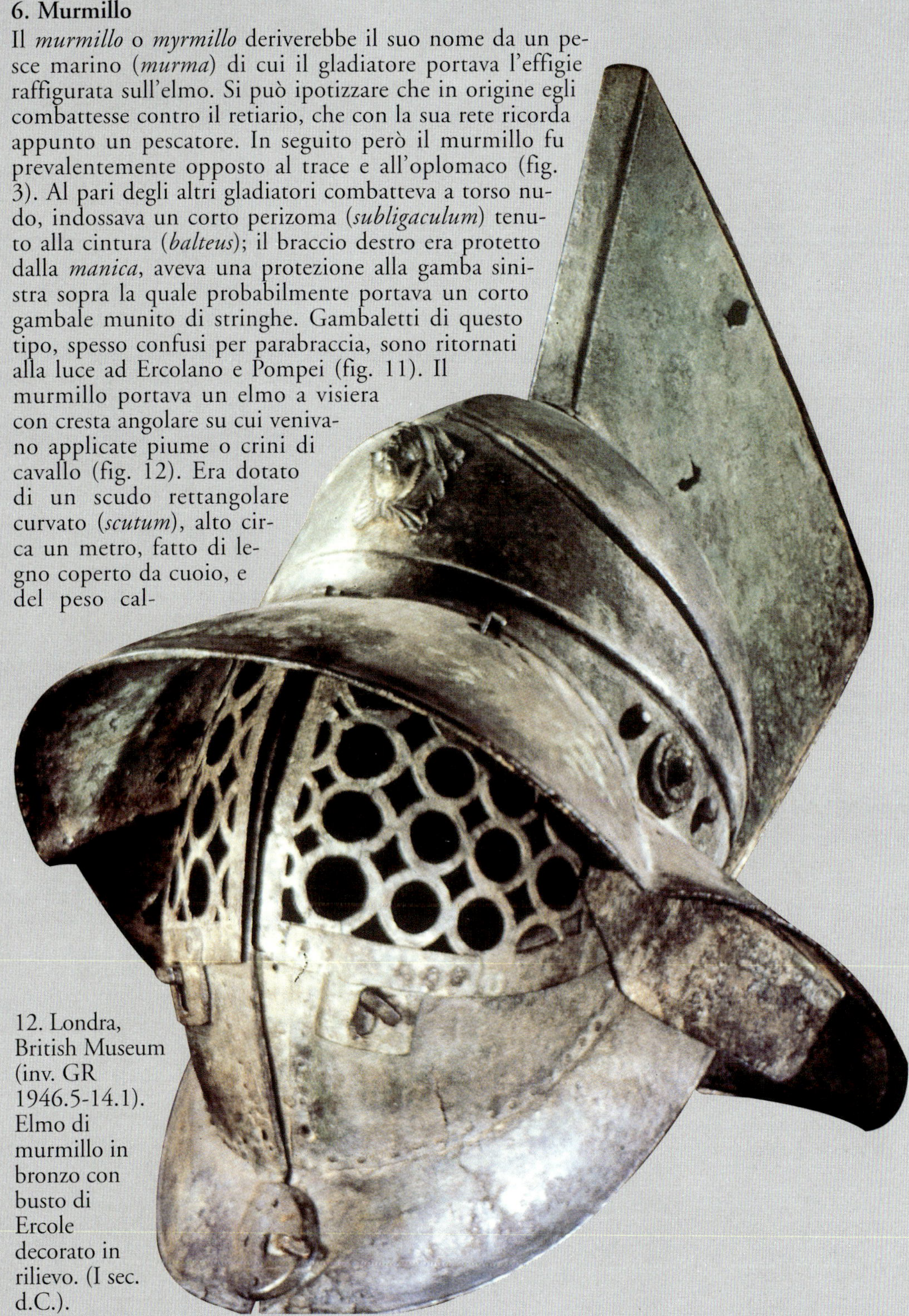

12. Londra, British Museum (inv. GR 1946.5-14.1). Elmo di murmillo in bronzo con busto di Ercole decorato in rilievo. (I sec. d.C.).

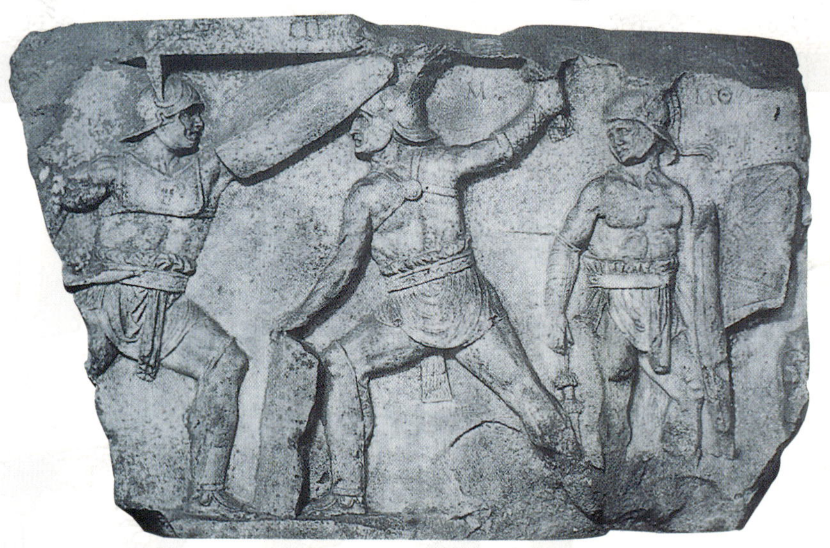

13. Roma, Museo Nazionale Romano (inv. 126119). Rilievo in marmo con a sinistra due gladiatori in lotta, probabilmente appartenenti alla categoria dei provocatores (fine I sec. a.C.).

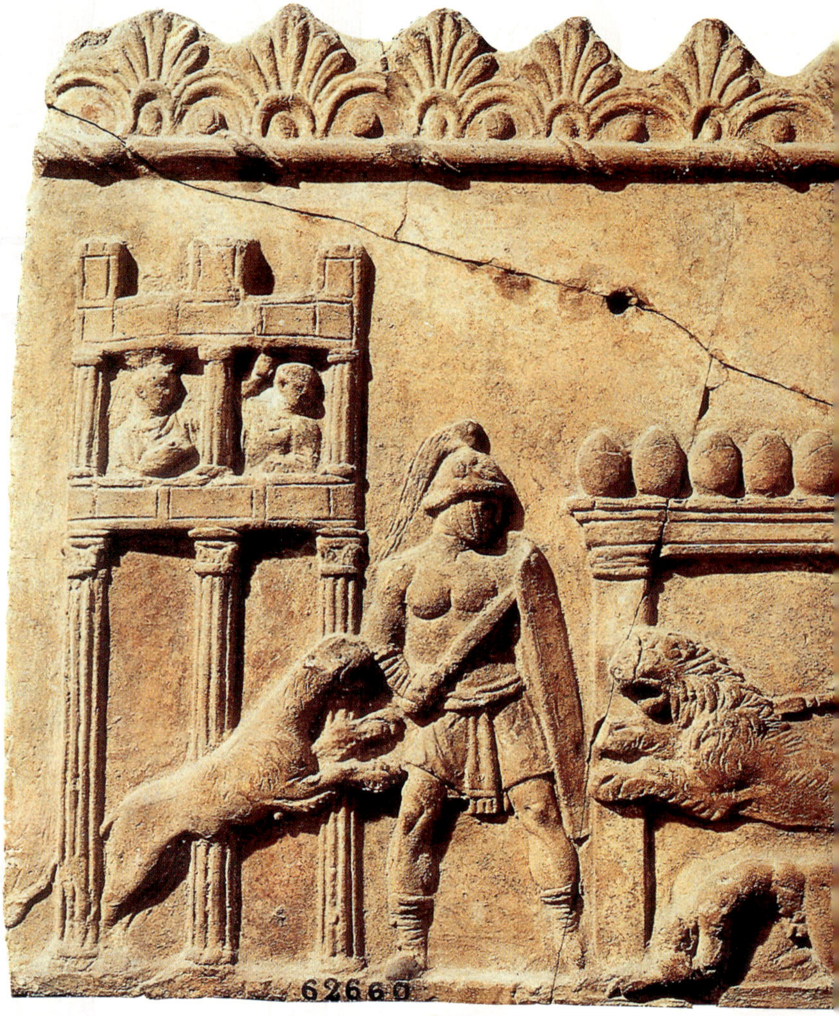

14. Roma, Museo Nazionale Romano, Terme di Diocleziano (inv. 62660). Lastra campana con scena di venatio. (I sec. d.C.)

colato in 6-8 kg. La sola arma di attacco del murmillo era una spada medio corta (*gladius*).

7. Provocator

Era già conosciuto al tempo di Cicerone (*Pro Sestio*, 64), ma del *provocator* non abbiamo notizie troppo precise. Vestiva di un corto perizoma (*subligaculum*), aveva una protezione a metà della gamba sinistra, indossava un elmo con visiera e senza cresta ed uno scudo rettangolare ricurvo; portava anche una sorta di corazza per proteggere il petto (*cardiophylax*) (fig. 13). Generalmente i *provocatores* combattevano con gladiatori della stessa classe. Con armi e armature che raggiungevano il peso di 14-15 kg., i *provocatores* possono essere considerati una categoria di medio peso.

8. Eques

Era il gladiatore che combatteva a cavallo. Indossava un casco a visiera, una corta tunica e delle *fasciae* per proteggere le cosce ed il braccio destro (fig. 75). Era munito di lancia e di un piccolo scudo tondo (*parma equestris*), e combatteva solo con altri *equites*. Spesso nei rilievi l'*eques* era raffigurato senza cavallo, probabilmente perché il suo combattimento finiva in un corpo a corpo combattuto con la spada.

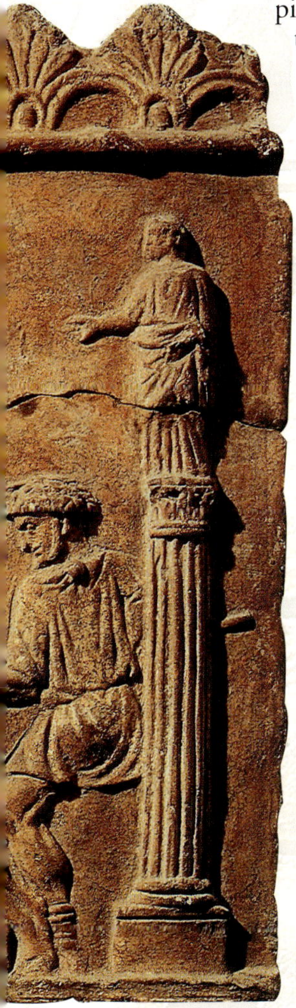

Esistevano altri tipi di gladiatori di cui siamo meno informati: l'*essedarius* combatteva dall'alto di un carro; il *dimachaerus* era forse armato di due pugnali; il *veles* combatteva con un giavellotto munito di cinghia (*hasta amentata*).

Infine esistevano i *venatores* e i *bestiarii*, che lottavano contro le fiere nel corso di cacce a carattere spettacolare (*venatio*) (fig. 14). Indossavano una corta tunica ed erano armati di *venabulum*, uno spiedo o asta di legno con la punta in ferro e di una frusta di cuoio. A volte il *venator* è raffigurato munito di elmo a calotta, *ocrae* e piccola spada dritta.

Le gladiatrici

Sotto l'impero di Nerone le fonti antiche segnalano la presenza di donne nei giochi dell'anfiteatro. Tacito (*Annales*, XV, 32, 3) racconta che nel 63 d.C., durante uno splendido spettacolo, scesero nell'arena a combattere anche donne nobili e senatori. Nel 66 a Pozzuoli, nel *munus* offerto da Nerone in onore del re dell'Armenia Tiridate, furono fatte combattere delle donne etiopi (Dione Cassio, LXII, 3, 1). Il poeta satirico Giovenale parla di una certa Mevia, che con il seno nudo e lo spiedo in mano cacciava cinghiali nell'arena (*Sat.*, I, 22-23). Sempre Giovenale,

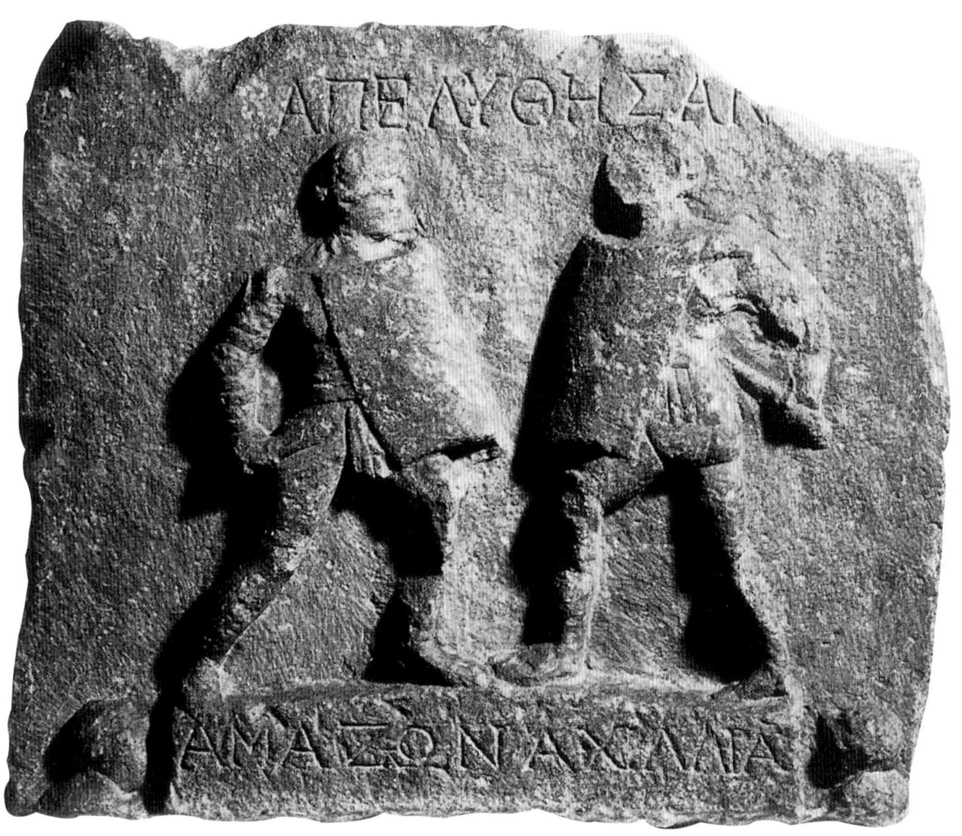

15. Londra, British Museum (inv. GR 1847. 4-24-19). Rilievo proveniente da Alicarnasso con gladiatrici in combattimento (II sec. d.C.).

nella famosa satira VI contro le donne, così ironizza sulla mania di molte signore romane per i giochi dell'arena: "Che figura ci farebbe un marito, se si mettessero all'asta gli oggetti della moglie: la cintura di cuoio, le maniche, l'elmo e il mezzo cosciale per la gamba sinistra; oppure se l'avrà attirata un altro genere di combattimento, che gioia vederla vendere gli schinieri" (*Sat.,* VI, 255-258). Nel Satyricon si parla di un *munus* organizzato da un certo Tito, il quale aveva fatto le cose in grande, arruolando anche una donna che combatteva sul carro (Petronio, *Satyricon*, XLV, 7). Per l'inaugurazione del Colosseo alcune donne parteciparono alle cacce con le fiere (Marziale, *Spect.* 6; Dione Cassio LXVI, 25, 1). Anche sotto Domiziano, probabilmente nell'89 d.C., venne tenuto un *munus* al quale parteciparono donne gladiatrici (Dione Cassio LXVII, 8, 4; Svetonio, *Dom.*, 4, 2). Dal punto di vista archeologico non esistono molte testimonianze sulle donne gladiatrici. Da Alicarnasso (Asia Minore) proviene un rilievo in marmo risalente al II secolo dopo Cristo, che raffigura due donne al combattimento (fig. 15). Vi sono riportati anche i loro nomi: Amazon e Achilla, evidentemente dei nomi 'd'arte'.
In un'epigrafe di Ostia, risalente al II secolo d.C., un appartenente all'élite locale viene esaltato per essere stato il primo in tutta la storia dei giochi tenutisi nella città a "dare le donne alle armi". Sembra che nel 200 l'imperatore Settimio Severo abbia messo fine alle lotte delle donne nell'arena (Dione Cassio LXXV, 16).

L'ORGANIZZAZIONE DELLO SPETTACOLO E LA CONDIZIONE SOCIALE DEI GLADIATORI

Gli spettacoli di gladiatori erano regolati da una complessa organizzazione e da apposite leggi, (*leges gladiatoriae*) che variavano da città a città; il principio comune a tutte è che non potevano organizzarsi *munera* senza l'assenso dell'imperatore o dell'autorità cittadina.

Privati o magistrati potevano indire un combattimento gladiatorio per commemorare un membro defunto della famiglia, per celebrare l'inaugurazione di un monumento pubblico, in occasione di una vittoria militare, in onore dell'imperatore e della sua famiglia o per attirarsi il favore del popolo. I magistrati locali, poi, erano tenuti a offrire spettacoli o a realizzare opere pubbliche nel loro anno di carica. Il finanziatore dello spettacolo era chiamato *editor*. Per organizzare lo spettacolo *l'editor* doveva ricorrere al *lanista*, un impresario gladiatorio professionista. Il lanista acquistava, vendeva e infine 'affittava' i suoi gladiatori a chiunque volesse organizzare un *munus* gladiatorio. Questa professione poteva rendere ricchi, ma restava agli occhi dell'opinione pubblica un lavoro infamante. Il lanista era considerato un commerciante di carne umana (il vocabolo ha la stessa radice etimologica di *lanius*, macellaio), ed era assimilato al lenone, lo sfruttatore di prostitute. Il lanista teneva la sua troupe di gladiatori (*familia gladiatoria*) in scuole apposite (*ludi*). Qui i gladiatori vivevano sottoposti ad un'intensa e dura disciplina: si allenavano quotidianamente, seguivano una dieta mirata a potenziare la loro muscolatura ed il loro peso, ed erano soggetti a controlli medici per essere in piena forma in combattimento. D'altronde il valore di mercato di un gladiatore dipendeva dal suo successo nell'arena, ed i lanisti affittavano a prezzi talmente alti i combattenti migliori che sotto l'imperatore Marco Aurelio fu necessario stabilire un tetto massimo di spesa per ogni spettacolo ed ogni gladiatore. Fra le scuole più antiche e rinomate ci fu quella di Capua, da cui nel 73 a.C. partì la rivolta di Spartaco (cfr. *infra* pp. 28-29). Il ruolo eminente di questa città nell'addestramento dei gladiatori continuò anche in epoca imperiale. Cesare possedeva a Capua un *ludus* con cinquemila gladiatori; forse fu questo nucleo a dare origine al famoso *Ludus Iuliano*, la scuola di proprietà imperiale che con Nerone muterà il nome in *Ludus Neronianus*.

Anche se dura, la vita nel *ludus* non era quella di un carcere. I gladiatori potevano uscire liberamente, e alcuni convivevano nella caserma con una compagna (*ludia*), come nel caso di Spartaco. E' ipotizzabile che alcuni gladiatori vivessero in case private e si recassero al ludo solo per gli allenamenti. Molti di loro, infatti, avevano famiglia, come testimoniano le epigrafi sepolcrali realizzate a spese delle loro compagne con le quali devono essere stati congiunti durante il tempo del loro servizio (fig. 16): così

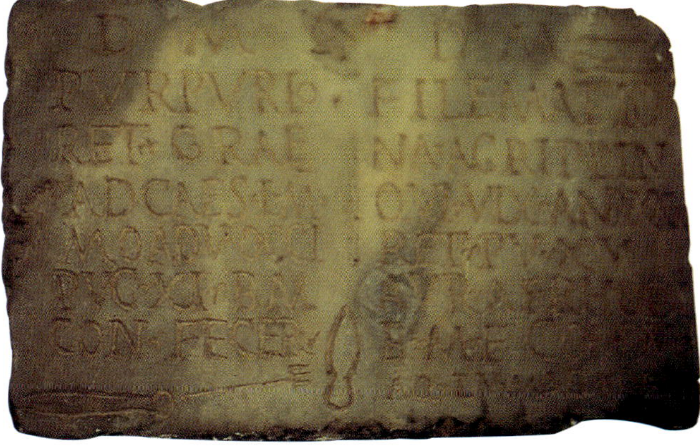

16. Benevento, Museo del Sannio (inv. 1777). Epigrafe funeraria di due retiari, Purpurio e Philematio, quest'ultimo morto a trenta anni e compianto dalla moglie Aurelia Aphrodites (II sec. d.C.).

per esempio il *secutor Urbicus*, morto a ventidue anni, dopo tredici combattimenti e sette anni di matrimonio (CIL V, 5933), o il *retiario Iantinus* morto a ventiquattro anni, dopo cinque combattimenti e cinque anni di matrimonio (CIL V, 4506).

I gladiatori erano perlopiù prigionieri di guerra e schiavi destinati dai loro padroni alla gladiatura. C'erano poi i criminali condannati a morte (*noxi ad gladium damnati*) e i condannati ai lavori forzati, i quali potevano essere obbligati a scontare il periodo di pena come gladiatori. C'era fra queste due classi una differenza considerevole: i forzati destinati alla gladiatura non passavano direttamente dalla prigione all'anfiteatro come i condannati a morte, ma erano mandati a scuola per apprendere l'uso delle armi. Inoltre, se i condannati a morte non potevano uscire vivi dall'arena, i forzati avevano le stesse *chances* di un gladiatore normale. Contrariamente a quanto si crede, il gioco gladiatorio non era necessariamente finalizzato alla morte, anche per il fatto che la formazione di un gladiatore era molto costosa. La morte poteva sopraggiungere in combattimento, o nel caso che l'*editor* o il popolo rifiutassero la grazia al gladiatore ferito. Ma ciò accadeva solo nel caso che il gladiatore non avesse adempiuto completamente al suo dovere o non si fosse impegnato nello scontro; l'editore, comunque, era tenuto a rimborsare al lanista il prezzo dei gladiatori a cui aveva rifiutato la grazia. Questo chiarisce perché tra i gladiatori c'erano anche dei liberti (cioè schiavi che avevano ottenuto la libertà) e uomini nati liberi, a volte persino provenienti da una buona famiglia, che si arruolavano volontariamente per combattere. Gli uomini liberi che si davano alla gladiatura (detti *auctorati*), sottomettendosi al lanista entravano in uno stato di parziale asservimento che, pur non pregiudicandone la libertà, ne limitava la capacità giuridica. Il più delle volte questi uomini erano spinti a diventare gladiatori dal bisogno materiale, magari perché avevano dissipato completamente le loro sostanze (Orazio, *Epistole*, I, 18, 36), ma altri speravano di raggiungere gloria e fortuna (Tertulliano, *Ad martyras,* V). Il fascino del mestiere di gladiatore spinse persino personaggi dell'ordine equestre e senatorio a rinunciare al loro rango per scendere nell'arena; Tacito, *Annales.*, XIV, 14 e XV, 32; Giovenale, II, 143-148; Svetonio, *Caes.*, 39, *Tib.*, 35, *Ner.*, 12; Dione Cassio, XLVII, 43, 3, LI, 22, 4, LVI, 25, 7-8, LIX, 13, LXI, 17). Alcuni imperatori emanarono leggi per contenere il fenomeno, senza per altro riuscirci.

Schiavi, liberti e uomini liberi potevano trovarsi riuniti in una stessa *familia gladiatoria*; ma i documenti in nostro possesso non ci permettono di apprezzare in che percentuale. Certamente per la maggior parte i gladiatori erano schiavi. In uno spettacolo dato a Pompei la proporzione sembra essere stata di diciannove schiavi e sei liberi (CIL, IV, 2508); altrove gli uomini liberi sono nella proporzione di sei su venti (CIL IX, 466). Non sappiamo quale fosse la durata del 'servizio' gladiatorio, né quanti combattimenti uno schiavo dovesse affrontare prima di ottenere la libertà. In ogni caso un gladiatore alla fine della sua carriera otteneva la *rudis*, una simbolica spada di legno che attestata il servizio prestato. Spesso i *rudiari* (questi gladiatori in 'pensione') finivano per fare gli allenatori nelle scuole gladiatorie.

Ma quale era la reputazione dei gladiatori presso la società 'civile'?

Non è una risposta semplice, né priva di contraddizioni. I gladiatori ed i bestiari di condizione libera erano considerati *infames* (Calpurnius Flaccus, *Declamationes*, LII;), e questa condizione si traduceva in una serie di divieti. Erano naturalmente esclusi dal Senato e dall'ordine equestre, anche se talvolta l'imperatore dispensò da questa *infamia* alcuni gladiatori appartenenti a questi due ordini che, su sua sollecitazione, avevano combattuto in occasione di *munera* eccezionali. Invece il gladiatore ex schiavo liberato e affrancato non otteneva la cittadinanza romana, il che lo assimilava ad un *infamis*. Le ragioni di questa *infamia* erano legate in primo luogo alla macchia che toccava qualsiasi attore remunerato di spettacoli pubblici. A ciò, nel caso dei gladiatori, si aggiungeva l'orrore per esseri sanguinari e brutali, a contatto costantemente con la morte. Ma accanto a questo atteggiamento se ne riscontra un altro esattamente opposto. Il gladiatore è il beniamino della folla, esaltato da alcuni poeti (Marziale, V, 24), immortalato su vasi (fig. 17), coppe, lucerne, affreschi e semplici graffiti, ed è l'idolo delle donne. Giovenale ci riporta la storia di Eppia, moglie di un senatore, che aveva lasciato marito, figli e comodità per seguire il gladiatore Sergio: "Ma per quale bellezza, per quale mirabile giovinezza bruciava Eppia d'amore? Che cosa aveva veduto in quell'uomo da sopportare d'essere chiamata gladiatrice? Già da un pezzo il suo bel Sergio aveva cominciato a radersi la barba e a sperare il congedo per quel suo braccio rotto; e per di più aveva la faccia tutta sfregiata, con una grossa protuberanza nel mezzo del naso, spelata per l'uso dell'elmo, e un malanno noioso che gli faceva lacrimare continuamente gli occhi. Ma era un gladiatore! E ciò fa di costoro tanti Giacinti" (Giovenale, *Sat.*, VI, 82-113).
Questo favore del pubblico, e finanche di alcuni imperatori, derivava dal fatto che il gladiatore era visto soprattutto come un uomo di coraggio, in continua sfida con la morte. Persino Cicerone, che spesso denigra i suoi avversari chiamandoli gladiatori, non può non riconoscere queste doti (Cicerone, *Tusculan.* II, 17, 41), e Seneca ritorna più volte sul coraggio dei gladiatori (Seneca, *De providentia*, III, 4; *De costantia sapientis*, XVI, 2). Dunque la condizione dei combattenti dell'arena è segnata da una forte ambiguità, poiché ambigua è la loro stessa immagine. Il gladiatore è allo stesso tempo un eroe ed un omicida: la società ammira il primo, ma ha orrore del secondo.

17. Lione, Musée de la civilisation Gallo-Romaine. Gobelet di tipo Aco con scena di combattimento gladiatorio (fine I sec. a.C.).

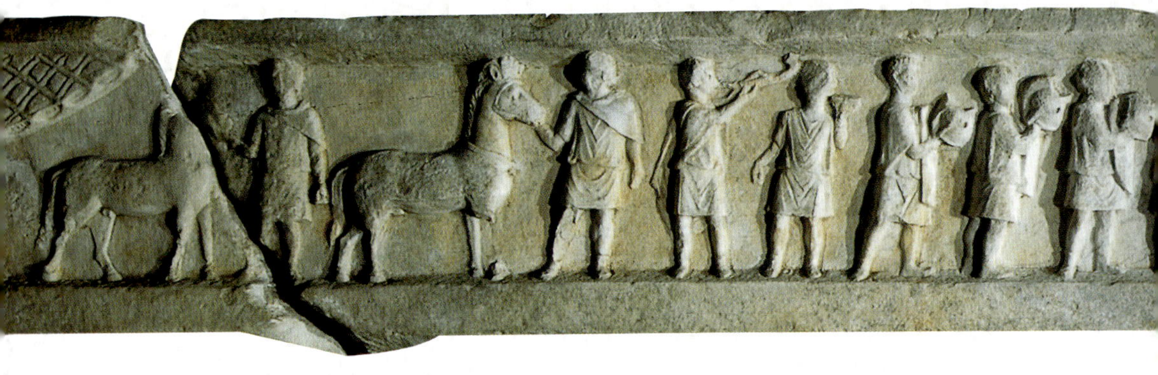

18. Napoli, Museo Nazionale (inv. 6704). Particolare del rilievo con sfilata d'ingresso nell'arena (*pompa*) e del controllo delle armi (*probatio armorum*) (20-50 d.C).

LO SVOLGIMENTO DEL *MUNUS*

Lo spettacolo gladiatorio era annunziato con programmi (*edicta munerum*) scritti sui muri degli edifici della città (cfr. figg. 33-37), e con 'dépliant' (*libelli munerari*) venduti nelle strade e consultati durante gli spettacoli (Ovidio, *Ars Amatoria*, I, 167). In questi documenti erano specificati il motivo della festa, il nome dell'organizzatore dei giochi, il numero dei gladiatori che avrebbero combattuto e la loro specialità. Talvolta nei programmi – sia murali che non – comparivano altre informazioni, come per esempio la presenza del velario, che serviva a proteggere gli spettatori dal sole, o le *sparsiones* che secondo alcuni studiosi erano piccoli doni, per altri vaporizzazioni di acqua profumata per alleviare la folla dal caldo.

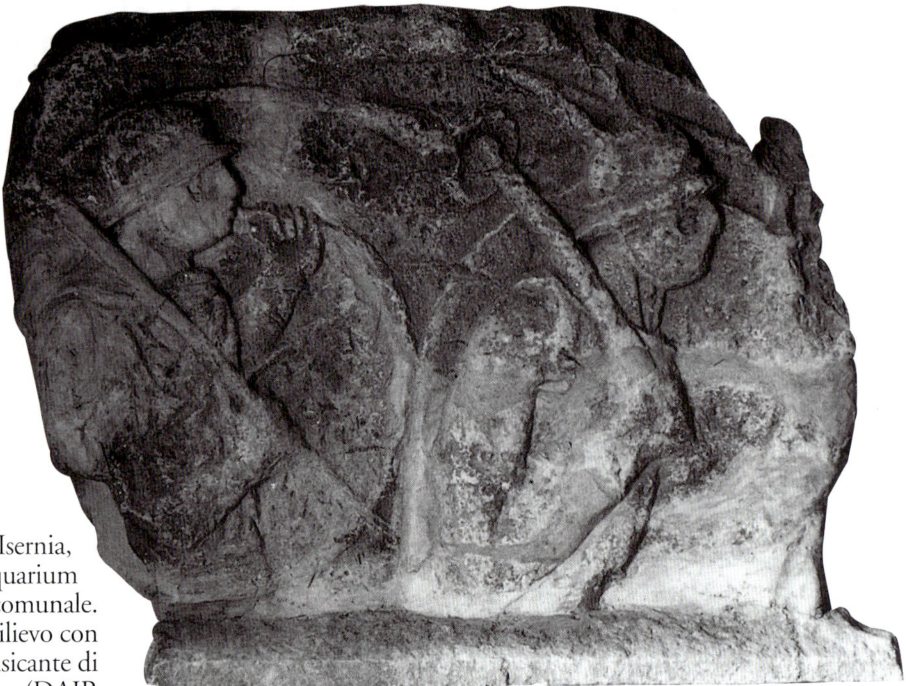

19. Isernia, Antiquarium comunale. Rilievo con musicante di corno (DAIR 958).

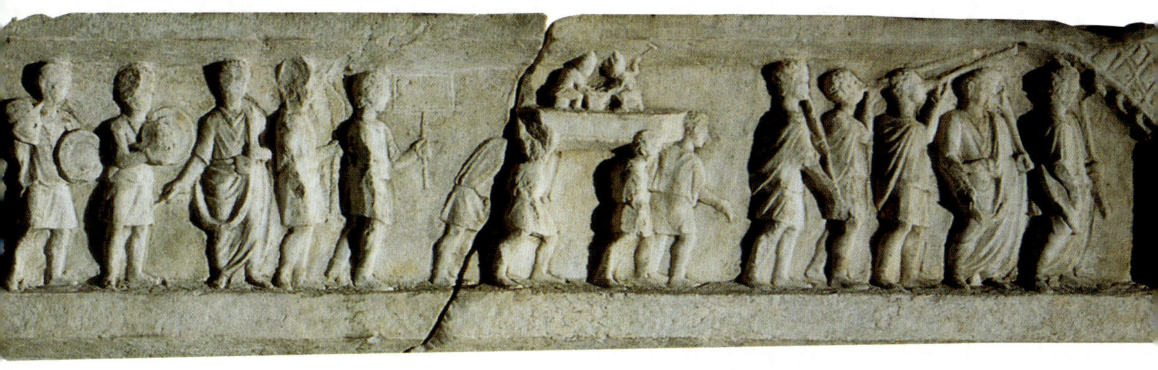

Di solito il programma di uno spettacolo nell'anfiteatro prevedeva al mattino i combattimenti con le fiere, e dopo mezzogiorno la parte più attesa, quella delle lotte dei gladiatori. L'inizio dello spettacolo avveniva con la *pompa*, la parata ufficiale di tutti i protagonisti dello spettacolo, che sfilavano con vesti riccamente decorate (fig. 18). Alla *pompa* partecipavano anche dei musici, che suonavano vari strumenti: la *tuba* (strumento a fiato largamente usato nell'esercito), il *lituus* (costituito da un tubo bronzeo lungo e sottile, con la parte terminale ripiegata all'indietro), il *cornus* (strumento a fiato in bronzo, originariamente ricavato da un corno animale) (fig. 19), la *tibia* (strumento a fiato realizzato con canne di varia lunghezza), e persino una sorta di organo, raffigurato nel Mosaico di Zliten a Tripoli (fig. 20).

20. Tripoli, Museo Archeologico. Mosaico di Zliten raffigurante un'orchestra ad uno spettacolo gladiatorio, composta anche da un organista (ca. 200 d. C.).

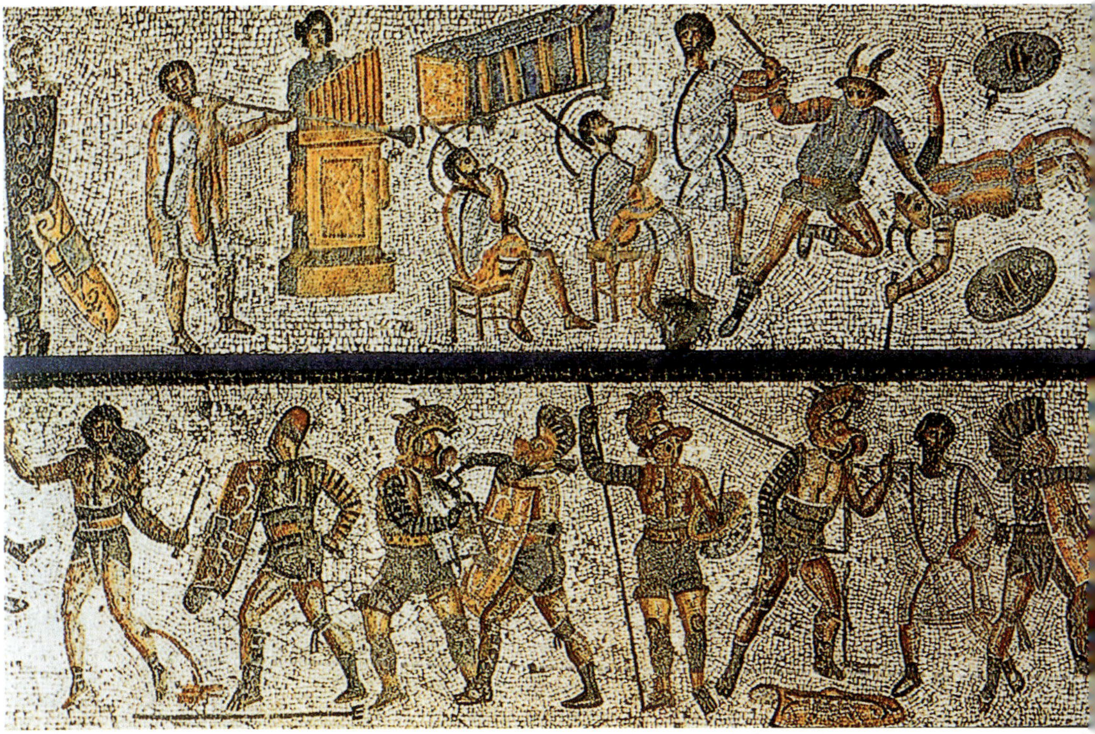

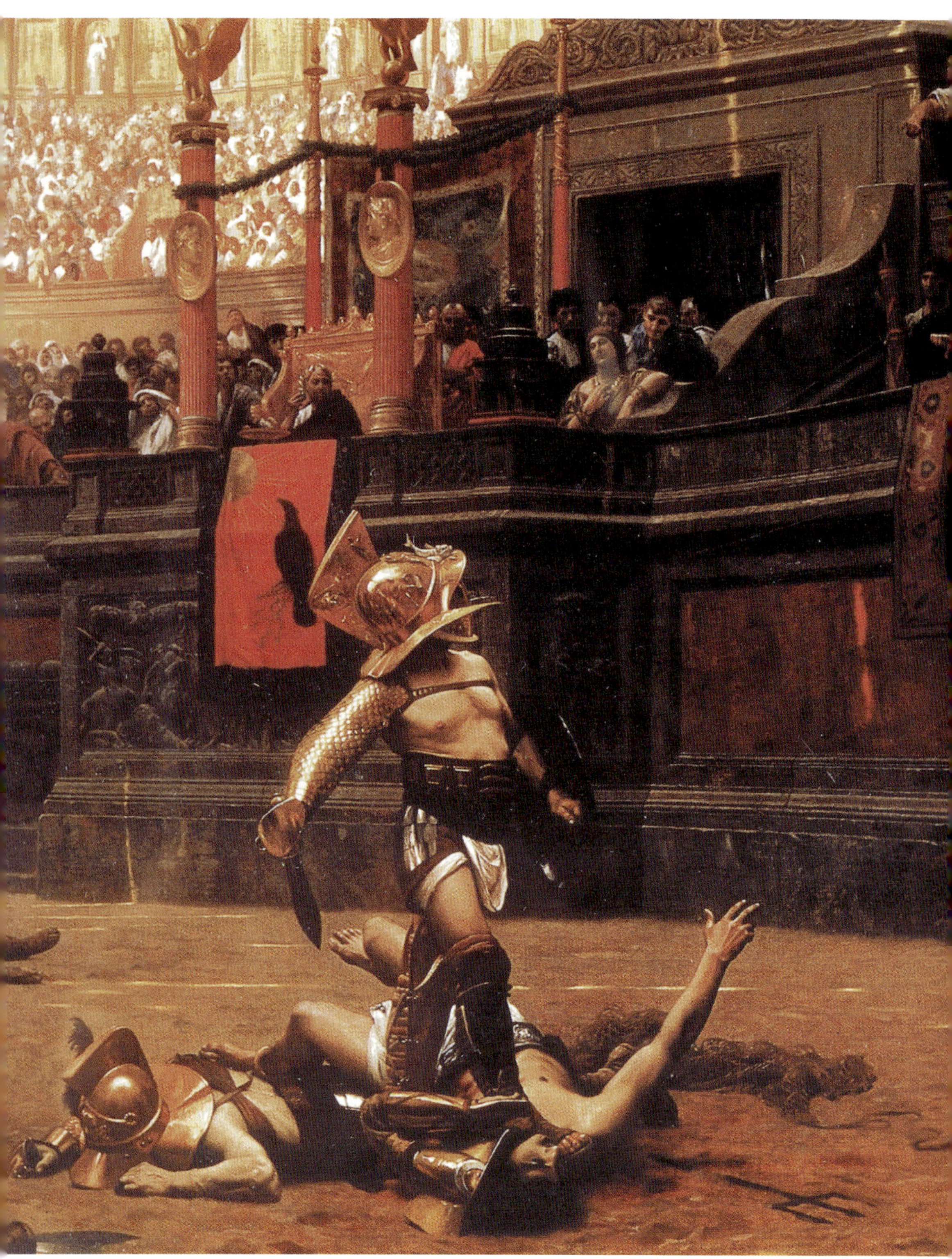

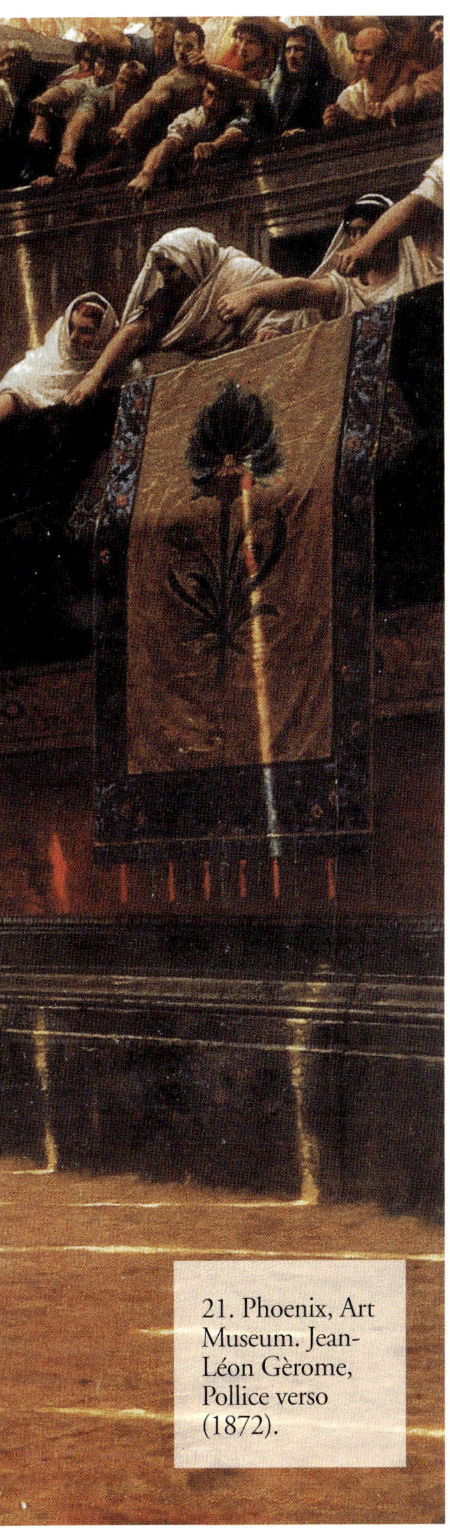

21. Phoenix, Art Museum. Jean-Léon Gèrome, Pollice verso (1872).

La lotta vera e propria era preceduta da esercizi di riscaldamento, che aumentavano l'attesa del pubblico e mostravano l'abilità dei gladiatori. Prima dell'inizio del combattimento le armi erano sottoposte all'esame dell'*editor*, che controllava che esse rispondessero al regolamento e che nessun gladiatore potesse sottrarsi alla morte con armi inoffensive. Questo esame era chiamato *probatio armorum* (fig. 18). Il suono degli strumenti dava il segnale dell'inizio del combattimento. I gladiatori combattevano a coppie (il numero di venti coppie era quello più frequente) ed erano assistiti da personale dell'arena: *doctores*, *harenari* o *incitatores* (fig. 18). La partecipazione del pubblico era vivissima: gli spettatori incitavano un gladiatore, magari famoso, gli fornivano anche utili segnali e facevano scommesse sui singoli combattenti. Se ferito, un gladiatore poteva sottrarsi alla lotta chiedendo la grazia (*missio*). In questo caso abbassava le armi e alzava l'indice della mano sinistra oppure incrociava le mani sulla schiena in segno di resa (fig. 21). La decisione di concedere la grazia era affidata all'*editor* – che in alcuni casi era lo stesso imperatore - ma era usanza tener conto del parere rumorosamente espresso dal pubblico. Se si decideva che il gladiatore poteva lasciare vivo l'arena si alzava l'indice o si agitavano dei fazzoletti gridando *missum*; nel caso in cui si optava per la morte si abbassava il pollice (*pollicem vertere*) ed il gladiatore vinto doveva offrirsi al colpo mortale. Erano previsti dei gladiatori di riserva, i *supposticii*, che subentravano a quelli uccisi o impossibilitati a proseguire gli scontri. Spesso succedeva che il combattimento si protraeva senza la vittoria di uno dei due gladiatori, in questo caso entrambi erano lasciati andare. Ma furono organizzati eccezionalmente anche *munera sine missione*, in cui *l'editor* decideva che nessuno dei gladiatori sconfitti potesse essere graziato. I gladiatori morti venivano portati fuori dell'arena attraverso la porta *Libitinensis*, così chiamata dal nome di Libitina, la dea della sepoltura, e di qui condotti nello *spoliarium*. I vincitori ricevevano la palma della vittoria agitando la quale il gladiatore faceva il giro completo dell'arena. Ciascuna vittoria dava diritto ad una palma, e un gladiatore contava le sue vittorie dalle palme ricevute. Ma accanto a queste ricompense puramente onorifiche, di cui i gladiatori si gloriavano, vi erano quelle che li arricchivano. La ricompensa era pagata dall'*editor* e restava al gladiatore, anche se si trattava di uno schiavo; era fissata in anticipo e compresa nel contratto d'affitto del gladiatore. Consisteva in somme talvolta considerevoli, che venivano riscosse dal gladiatore nell'anfiteatro in presenza della folla, che contava sulle dita le monete man mano che il gladiatore le riceveva (Svetonio, *Claud.*, 21). Le monete erano

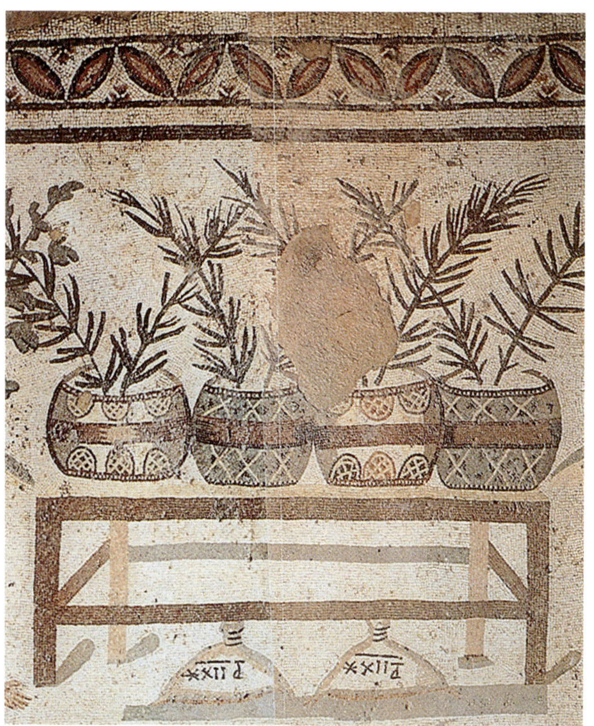

22. Piazza Armerina, Villa del Casale. Particolare del mosaico del vestibolo di Eros e Pan raffigurante i doni destinati ai vincitori: rami di palma e borse di monete poste sotto il tavolo (IV sec. d.C.).

offerte su piatti di metallo prezioso, che restavano anch'essi al vincitore (Giovenale, VI, 204) (fig. 22). Si potevano ricevere in dono anche armi riccamente decorate e altri oggetti preziosi.

Generalmente il combattimento terminava con il calare delle tenebre, tuttavia lo spettacolo poteva prolungarsi anche nella nottata, alla luce di fiaccole che illuminavano l'anfiteatro (Svetonio, *Dom.*, 4; Dione Cassio, LXVII, 8).

I risultati dei combattimenti venivano poi pubblicati ponendo accanto al nome di ciascun gladiatore o la sigla P(*erit*) morto, o M(*issus*) graziato, oppure V(*icit*) vincitore (figg. 41-43).

In mattinata nell'arena si svolgevano le *venationes* (cacce), ove i *venatores* (cacciatori) combattevano contro le bestie feroci, oppure queste si affrontavano tra loro (fig. 23). La varietà degli animali da cacciare nell'anfiteatro aumentò con il passare del tempo: oltre naturalmente ai leoni e alle pantere, fatti apparire per la prima volta in uno spettacolo nel 186 a.C., vennero immessi nell'arena ippopotami, coccodrilli, rinoceronti, tori, orsi ed elefanti (Livio, XXXIX, 22, 2 e XLIV, 18, 8). Tali spettacoli venivano generalmente allestiti a completamento – non obbligatorio – dei giochi gladiatori. Sia le fonti letterarie che quelle iconografiche ci confermano che le *venationes* non consistevano solo in combattimenti di animali fra loro o di uomini contro belve, ma anche in esibizioni acrobatiche e giochi, per i quali sicuramente sarà occorso un lungo addestramento degli animali.

Gli anfiteatri

Inizialmente i combattimenti gladiatori si tennero nei Fori, cioè nelle 'piazze' delle città (Svetonio, *Caes.* 39; *Tib.* 7), poi la frequenza e la durata sempre maggiore dei giochi suggerirono la creazione di edifici appositi, e di dimensioni tali da poter ospitare cacce e combattimenti simultanei. Venne così creato l'anfiteatro, un edificio di tipologia tipicamente romana, la cui pianta risulterebbe composta dall'unione di due teatri disposti l'uno di fronte all'altro (Ovidio, *Metamorfosi*, XI, 25; Isidoro di Siviglia, *Origines*, XV, 2, 35). Sembra che questo tipo di edificio sia stato progettato in Campania, e Campani sono infatti i più antichi anfiteatri che si conoscano, come quello di Pompei. Roma fu tra le ultime città dell'impero a dotarsi di un anfiteatro permanente. I combattimenti nella capitale erano tenuti in edifici di legno che venivano smontati dopo ogni spettacolo.

23. Roma, Galleria Borghese. Gladiatori in lotta contro le fiere raffigurati su un mosaico del IV secolo d.C.

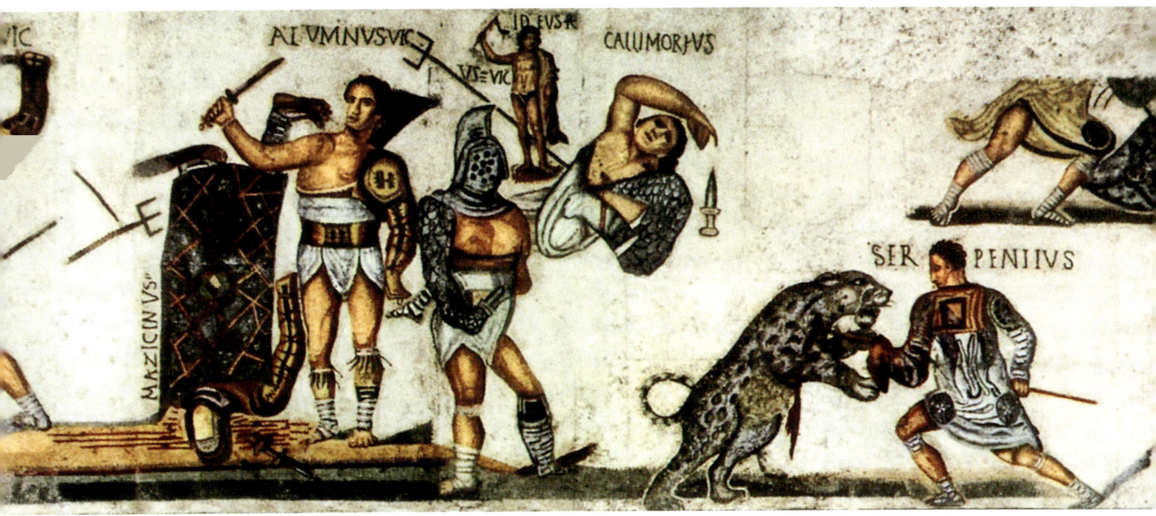

Il primo anfiteatro stabile a Roma fu costruito sotto Augusto, da Caio Statilio Tauro nel Campo Marzio (Dione Cassio LI, 23, 1). Dopo la sua distruzione nell'incendio del 64 d.C., Vespasiano progettò la costruzione del Colosseo, inaugurato da Tito nell'80 (fig. 24). Il luogo scelto per l'edificazione dell'Anfiteatro Flavio fu quello in cui sorgeva lo stagno artificiale incluso nella *Domus Aurea* di Nerone: una specie di simbolica restituzione al popolo romano del terreno nel cuore di Roma di cui l'imperatore si era

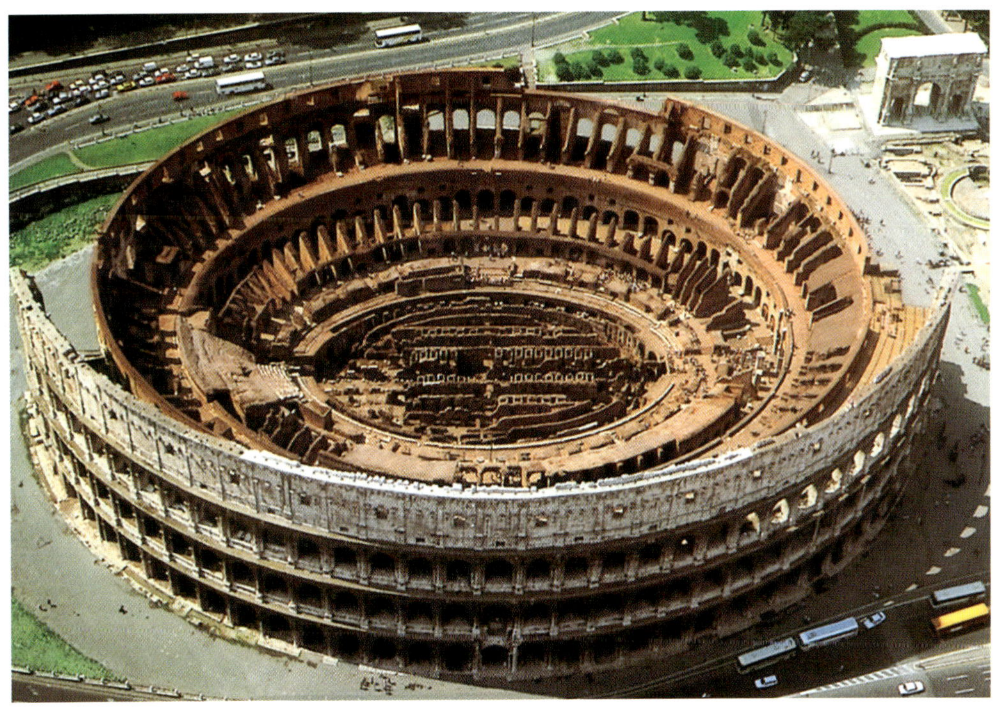

24. Roma, Colosseo.

LA RIVOLTA DI SPARTACO

Tra le grandi insurrezioni servili quella di Spartaco resta la più conosciuta e la più famosa, ed ha ispirato romanzieri e registi. Già nell'antichità la sua figura fu valutata in modo ambiguo, da un lato egli fu considerato un bandito, dall'altro un personaggio di grande statura, quasi un esempio di virtù.

La rivolta scoppiò nel 73 a.C. nella scuola gladiatoria di Lentulo Batiato a Capua. Le fonti che riferiscono su questo episodio (essenzialmente: Plutarco, *Vita di Crasso*, 8-11; Appiano, *Guerre civili*, I, 116-121; Floro, *Epitome*, II, 8), non fanno cenno all'ideologia di questi schiavi, ma la scintilla della rivolta fu dovuta probabilmente alle condizioni di prigionia e alla prospettiva di un futuro incerto e violento a cui essi erano destinati. L'iniziativa fu presa da una settantina di schiavi, prevalentemente Galli e Traci, che riuscirono a fuggire, armandosi di coltelli e spiedi presi dalla cucina, e rubando in seguito delle armi gladiatorie che viaggiavano su un carro da loro assaltato. Gli schiavi riuscirono a rifugiarsi sul Vesuvio, ove ingrossarono le loro file anche con l'apporto di agricoltori di condizione libera. Da Roma fu spedito un esercito di 3000 uomini al comando di C. Claudio Glabro, il quale strinse d'assedio i ribelli sul monte, sbarrando l'unico passo dal quale essi avrebbero dovuto passare per liberarsi dalla stretta. Ma il loro capo, Spartaco, fatte costruire delle scale con tralci di viti selvatiche, calò uno ad uno i compagni dal dirupo del monte riuscendo ad accerchiare e a sbaragliare le truppe romane. Anche le altre truppe mandate da Roma furono sconfitte e decimate.

L'intenzione di Spartaco era quella di marciare verso nord, superare le Alpi e ritornare nei paesi d'origine di gran parte degli schiavi: Tracia e Gallia. Ma gli ex gladiatori preferirono attardarsi in scorrerie predatorie attraverso Nola, Nocera, Eboli, Cosenza, fino a Turi, ove trascorsero l'inverno tra il 73 e il 72. Il gruppo si frazionò, i Galli e i Germani, sotto la guida di Crisso, raggiunsero il Gargano, ove vennero vinti e annientati dall'esercito romano. Spartaco invece riprese il progetto di raggiungere il nord. I soldati romani cercarono di fermarlo nel Piceno senza riuscirci, e a Modena le truppe del proconsole C. Cassio Longino furono sbaragliate dai rivoltosi. A Modena Spartaco cambiò nuovamente idea, ritenendo forse irrealizzabile il suo progetto di superare le Alpi. Riprese quindi la via verso sud, giungendo in Calabria, ove occupò nuovamente la città di Turi. Tra l'estate e l'autunno del 72 il Senato romano affidò il comando militare a Licinio Crasso, ponendolo a capo di otto legioni (circa quarantamila uomini), che si stanziarono nel Piceno. Il suo legato Mummio, che doveva tentare una manovra di accerchiamento, venne invece sorpreso e sbaragliato da Spartaco. Allora Crasso, presa l'iniziativa, affrontò e vinse due distaccamenti di schiavi e iniziò ad inseguire Spartaco attraverso il Sannio e la Lucania. Il fuggitivo tentò di superare lo stretto di Messina per rifugiarsi in Sicilia, ma fallì, anche perché tradito dai pirati cilici, i quali, dopo aver preso i 'doni' concordati per l'aiuto, lo ingannarono, prendendo il mare da soli.

Spartaco cercava di evitare lo scontro diretto con i Romani, preferendo una guerriglia fatta di assalti improvvisi e repentine fughe. Una volta compresa questa tattica, Crasso fece costruire un muro fortificato di circa 54 chilometri, dal golfo di Sant'Eufemia a quello di Squillace, per rinchiudervi dentro i ribelli. Nel febbraio del 71 Spartaco, ormai a corto di viveri, riuscì ad assaltare il muro e a riprendere la fuga, dirigendosi verso Brindisi. Ancora una volta il suo eterogeneo gruppo si divise, andando incontro a due successive sconfitte: la prima presso una palude in Lucania, l'altra in una località vicina, ove l'esercito Romano uccise dodicimilatrecento ribelli che si erano battuti senza indietreggiare, fino alla morte. Spartaco riprese di nuovo la fuga, e scontratosi con un distaccamento romano riuscì ad annientarlo. Le sue truppe esaltate dalla vittoria, gli imposero di abbandonare la tattica della guerriglia e della fuga e di andare incontro alle truppe Romane, proprio mentre queste si ingrossavano con il sopraggiungere degli eserciti di Pompeo e di Lucullo. Le truppe di Spartaco e quelle Romane si affrontarono in una battaglia decisiva, dove Spartaco venne sconfitto e i suoi uomini sterminati. La sua morte divenne leggenda, esaltata dalle stesse fonti antiche che ne evidenziarono il coraggio e la dignità: 'fu accerchiato da una folla di nemici e abbattuto mentre si difendeva ritto in piedi... fu ferito alla coscia da un giavellotto: caduto in ginocchio e gettato lo scudo, resistette agli assalitori..... il suo corpo non fu trovato' (Appiano, *Guerre civili*, I, 557-59). Forse nella notizia sulla scomparsa del corpo di Spartaco è da vedersi la razionalizzazione di una leggenda popolare. Spartaco non sarebbe realmente morto, ma sarebbe tornato per guidare ancora in guerra la moltitudine degli oppressi. Al contrario i circa seimila schiavi sopravvissuti allo scontro furono crocifissi lungo la via da Capua a Roma.

Con Spartaco tramontò l'utopia della rivolta schiavistica; dopo la sua sconfitta e lo sterminio dei suoi uomini per molti secoli a venire non ci sarà un movimento che cercherà, attraverso la rivolta collettiva, una via di liberazione alla condizione servile.

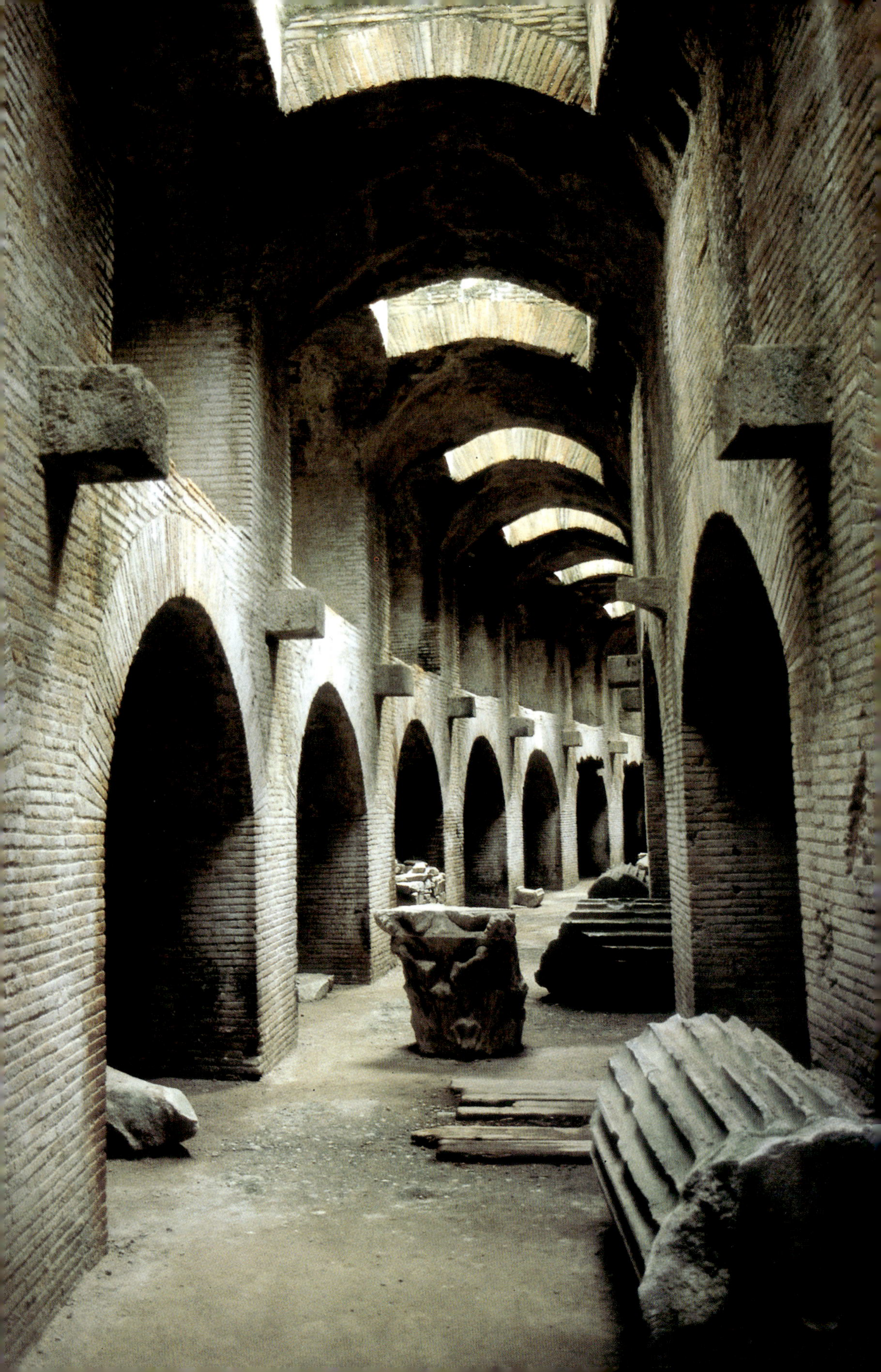

appropriato. Della *Domus Aurea* si conservò la colossale statua bronzea di Nerone trasformata in Helios (il Sole), che giganteggiava al lato dell'Anfiteatro e da cui probabilmente l'edificio prese il nome.
Gli anfiteatri si componevano di due parti essenziali: la cavea, ove erano ricavate le gradinate per gli spettatori, e l'arena, dove si svolgevano i giochi. L'arena era così chiamata per la presenza di sabbia che ricopriva il terreno, e su cui i combattenti potevano muoversi liberamente. In molti anfiteatri del periodo imperiale l'arena non poggiava sul terreno, ma su tavolati lignei che coprivano un complesso sistema di ambienti e corridoi sotterranei (*hypogeum*) (figg. 24-25). Gli ambienti dell'*hypogeum* servivano per custodire gli oggetti di scena, le gabbie con le belve e gli spogliatoi dei gladiatori. In alcuni casi, grazie ad un sistema di argani ed elevatori, le ricche scenografie in cui erano ambientati i giochi, le gabbie delle belve e in qualche caso gli stessi gladiatori, sbucavano all'improvviso direttamente sull'arena con un effetto a sorpresa per il pubblico. Negli anfiteatri senza ambienti sotterranei come quello di Pompei, tutto l'equipaggiamento tecnico, le gabbie e gli armamenti, era conservato nei *carceres* e forse nei corridoi di passaggio. Per garantire la sicurezza degli spettatori soprattutto durante gli spettacoli con le fiere, vennero prese speciali precauzioni. Poiché proprio gli spettatori più illustri occupavano i posti più vicini all'arena e dunque erano i più esposti, per proteggerli tra podio e arena era posta una robusta rete metallica munita nella parte più alta di una serie di zanne di elefante sporgenti verso l'arena.
È opinione diffusa che negli anfiteatri avvenissero anche delle battaglie navali (*naumachie*) (fig. 26). In realtà sono stati trovati alcuni an-

25. Pozzuoli, Anfiteatro Maggiore, sotterranei. Gli ambienti con le gabbie delle fiere sono a sinistra su due livelli. In alto sono le aperture per sollevare le gabbie sul piano dell'arena.

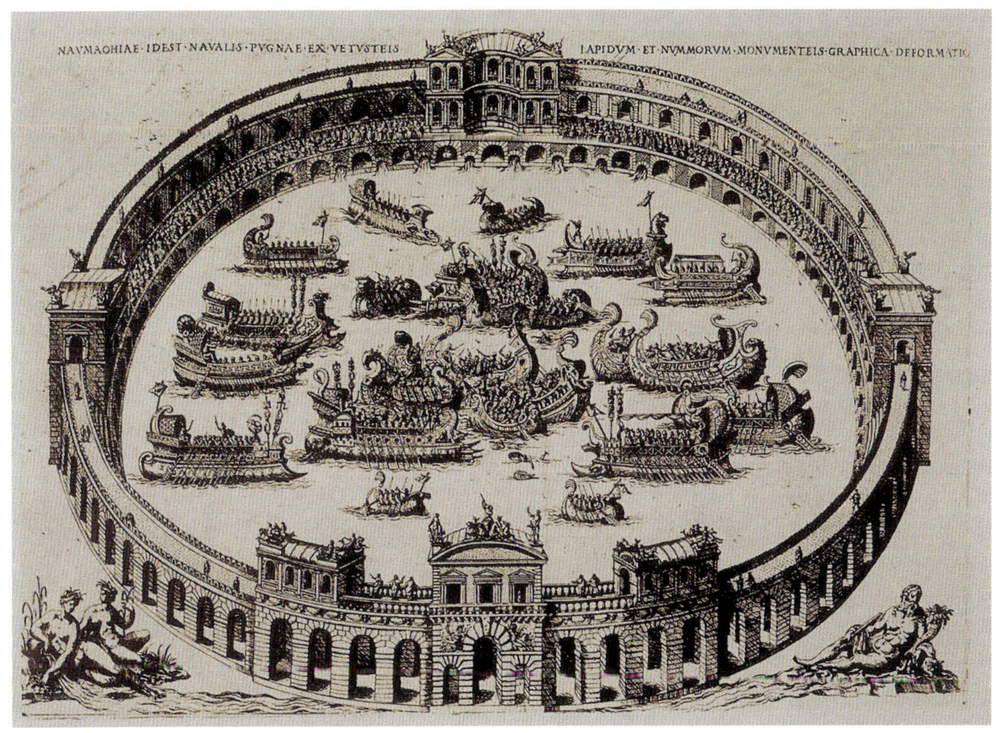

26. Disegno ricostruttivo della naumachia di Domiziano secondo E. Du Pérac (1581).

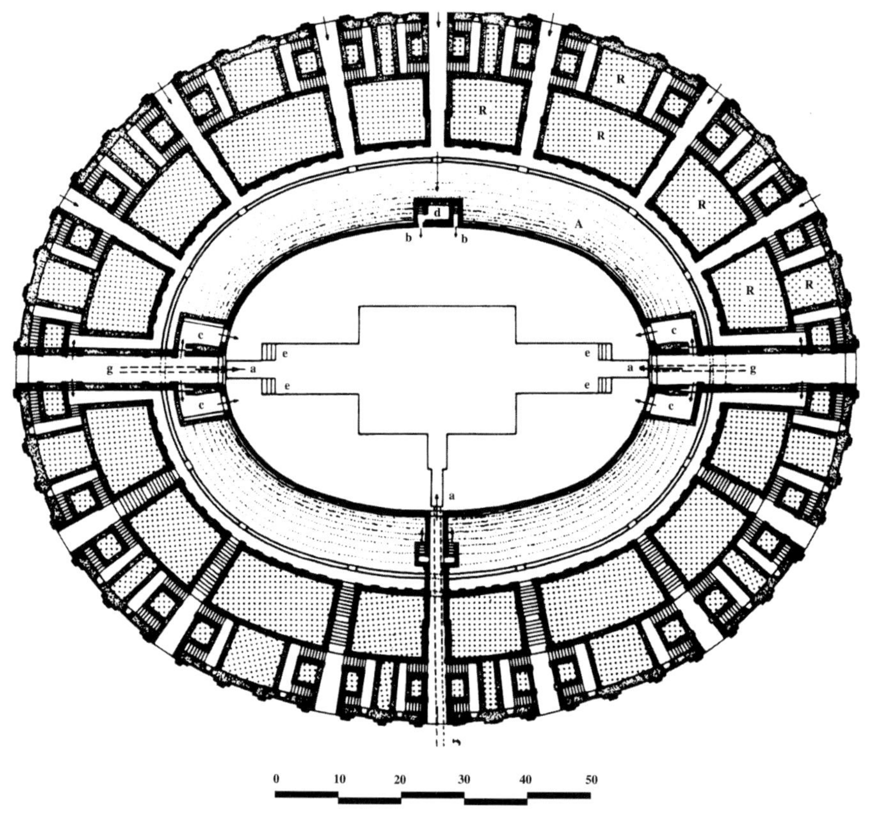

27. Merida, pianta dell'anfiteatro con bacino per giochi acquatici.

fiteatri con grandi vasche scavate nell'arena, come per esempio a Verona e a Merida (fig. 27), ma è probabile che vi si svolgessero soprattutto cacce di ippopotami e di coccodrilli, o messe in scena di miti che prevedevano l'uso dell'acqua (Marziale, *Spect.*, 25, 25 bis, 26). Forse vi si tenevano anche spettacoli acquatici con ballerine nude – come accadeva anche nei teatri - e contro i quali tuonarono gli autori cristiani. Troppo piccole per consentire la manovra di navi vere, queste vasche avranno ospitato al più piccole imbarcazioni o modellini di navi. Le grandi naumachie di cui le fonti ci hanno lasciato il ricordo furono messe in scena non negli anfiteatri, ma in larghi naturali o artificiali, appositamente realizzati per questo tipo di manifestazione (Augusto, *Res Gestae*, 23). La descrizione più dettagliata è quella relativa al grande spettacolo navale promosso dall'imperatore Claudio intorno al 52 d.C. sul lago Fucino, dove vennero impiegate triremi, quadriremi e 19.000 uomini, fra cui – oltre ai gladiatori e ai condannati – soldati della flotta imperiale (Tacito, *Annales.* XII, 56; Dione Cassio, LX, 33; Marziale, *Spect.*28, 11; Svetonio, *Claud.*, 21). Uno spettacolo navale del tutto particolare fu realizzato per volere dell'imperatore Elagabalo, in canali riempiti di vino (*Scrittori della Storia Augusta*, *Heliog.*, 23, 1). La *cavea* era divisa orizzontalmente in tre settori, partendo dal basso: *ima*, *media*, e *summa cavea*. Delle scalette (*scalaria*) ripartivano la *cavea* anche verticalmente, determinando cunei di differenti dimensioni.

Queste divisioni erano funzionali ad una rigida ripartizione dei posti durante gli spettacoli, che nelle colonie e nelle città provinciali era regolata da un decreto dei decurioni. Assicurarsi una buona visuale rivestiva infatti una grande importanza, ed un posto d'onore in edifici di spettacolo era una ricompensa che la città accordava a cittadini particolarmente benemeriti. Un buon posto non solo permetteva un'ottima visione dello spettacolo, ma serviva anche per essere visti (Ovidio, *Ars amatoria*, I, 99; Giovenale, *Satire* VI, 352-356) e costituiva una forma di ostentazione della propria condizione sociale.

La ripartizione dei posti negli anfiteatri e nei teatri offre dunque un'immagine della stratificazione sociale della società romana. Svetonio racconta che Augusto, colpito dall'affronto subito a Pozzuoli da un senatore, che durante uno spettacolo non era riuscito a trovare posto nell'Anfiteatro, fece emanare una legge (*lex Iulia theatralis*) che riservava ai senatori la prima fila di posti nei luoghi di spettacolo. Ma la regolamentazione fu applicata anche ad altre categorie sociali: "*separò i soldati dal popolo, assegnò ai plebei sposati gradini speciali, a coloro che indossavano la pretesta* (i ragazzi) *un settore particolare e quello accanto ai loro precettori e vietò a quelli che erano mal vestiti di collocarsi nelle gradinate di mezzo. Alle donne non permise di prendere posto, anche durante i combattimenti gladiatori, che un tempo potevano osservare mescolate agli uomini, se non nella parte più alta e tutte sole*" (Svetonio, *Aug.* 44). Quanto raccontato da Svetonio trova qualche riscontro nelle testimonianze archeologiche, ed in particolare nelle iscrizioni trovate impresse sulla superficie dei gradini di alcuni teatri ed anfiteatri dell'Impero. Queste iscrizioni riservano i posti a certe categorie di persone o a certi gruppi sociali, e in taluni casi anche a persone singole, specificamente designate.

A volte il posto poteva essere segnato semplicemente con un numero sul gradino, come nel caso del Teatro di Pompei o dell'Anfiteatro di Verona; oppure erano le arcate di accesso ai vari settori della *cavea* ad essere contrassegnate da numeri, come nel caso del Colosseo e dell'anfiteatro di Pozzuoli (fig. 28). Questa numerazione doveva forse corrispondere al numero di biglietto (*tessera*) – generalmente realizzato in osso - di cui ogni spettatore era munito, in modo da facilitare la ricerca del posto riservato a ciascuno.

La cavea era dunque perfettamente ripartita in settori, attribuiti ufficialmente a diverse categorie di spettatori in funzione della loro importanza sociale e della loro appartenenza ad un gruppo organiz-

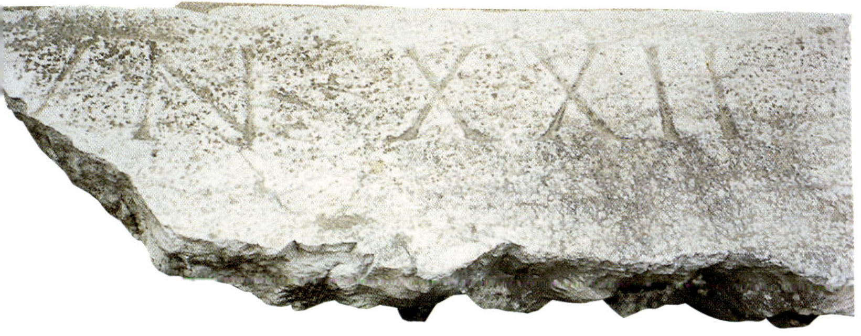

28. Pozzuoli, Anfiteatro maggiore. Frammenti in marmo con indicazione dei cunei numerati CUN (*cuneus*) seguita da un numerale.

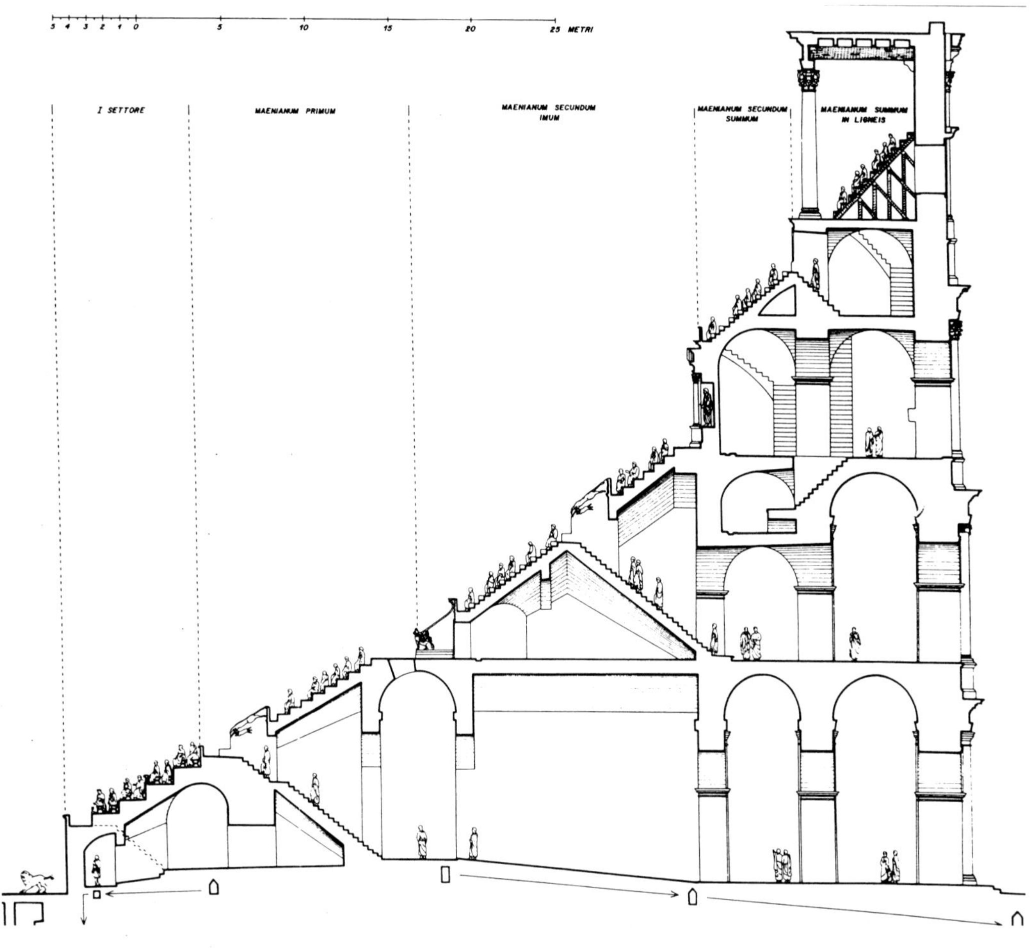

29. Ipotesi ricostruttiva del Colosseo con ripartizione dei posti e percorsi per raggiungerli.

zato o ad una corporazione. Le divisioni orizzontali stabilivano la differenziazione più netta (fig. 29). Le personalità più importanti prendevano posto nell'*ima cavea*, i gradini successivi accoglievano gli spettatori via via più modesti. Coloro che non avevano diritto a posti riservati si affrettavano ad occupare i posti migliori sin dalla notte precedente, dando spesso origine a fastidiosi rumori. Una notte l'imperatore Caligola, svegliato nel sonno dal vociare della folla che si sistemava nei posti liberi del circo, ordinò alle sue guardie di disperderli a bastonate (Svetonio, *Calig.*, 26).

La lunga permanenza nell'Anfiteatro rendeva indispensabile, soprattutto in estate, una conveniente copertura della cavea; a questo scopo venne realizzato il velario. Benché gli scrittori antichi facciano frequenti accenni a questo genere di comfort, non ci sono descrizioni dettagliate del suo funzionamento, e perciò gli archeologi hanno espresso molte e non sempre convincenti ipotesi circa il suo meccanismo (fig. 30). Lo scrittore Valerio Massimo (II, 4, 6) sostiene che il velario fu un'invenzione campana e che il primo ad introdurlo a Roma fu Q. Catulo. Plinio (*Naturalis historia*, XXXVI) ag-

giunge che dopo dieci anni *Publius Lentulus Spinther* ne migliorò la tecnica. Il velario era realizzato con fasce di lino molto resistente, usato anche per le vele delle navi. Nel Colosseo il velario era manovrato dai Classarii, i marinai della flotta misenate. Più che per la manovra standard, la loro presenza era indispensabile in caso di maltempo. Infatti alla loro esperienza era affidato l'incarico di ritirare il velario quando il vento si faceva troppo forte. Lucrezio (*De Rerum Natura* VI, 108) accenna alla furia del vento che faceva ondeggiare il velario producendo fragori simili a quelli del tuono, e Marziale allude al fatto che quando il vento era troppo forte il velario restava chiuso (Marziale, *Epigrammi*, XI, 21, 6; XIV, 28).
Il velario poteva essere decorato, come quello nell'anfiteatro ligneo del Campo Marzio, che imitava la volta stellata, oppure poteva essere di vari colori. Lucrezio ci ha lasciato un'efficace descrizione dei velari colorati: "*È questo il caso dei teli gialli, rossi e verdi che, tesi sui nostri teatri, fluttuano e ondeggiano lungo pilastri e traverse; sotto di essi, tutto il pubblico riunito sui gradini, lo scenario, le file auguste dei senatori si colorano e si tingono di quei mobili riflessi. Quanto più il recinto del teatro è alto e stretto, tanto più tutti gli oggetti sono bagnati da quei colori ridenti, nella luce ridotta del giorno*" (*De rerum natura*, IV, 75-83). Il passo di Lucrezio dimostra anche che il velario non era rigidamente teso come il soffitto di una stanza, ma seguiva

30. Ricostruzione del velario del teatro di Pompei in un acquerello di P. E. Bonnet (1859).

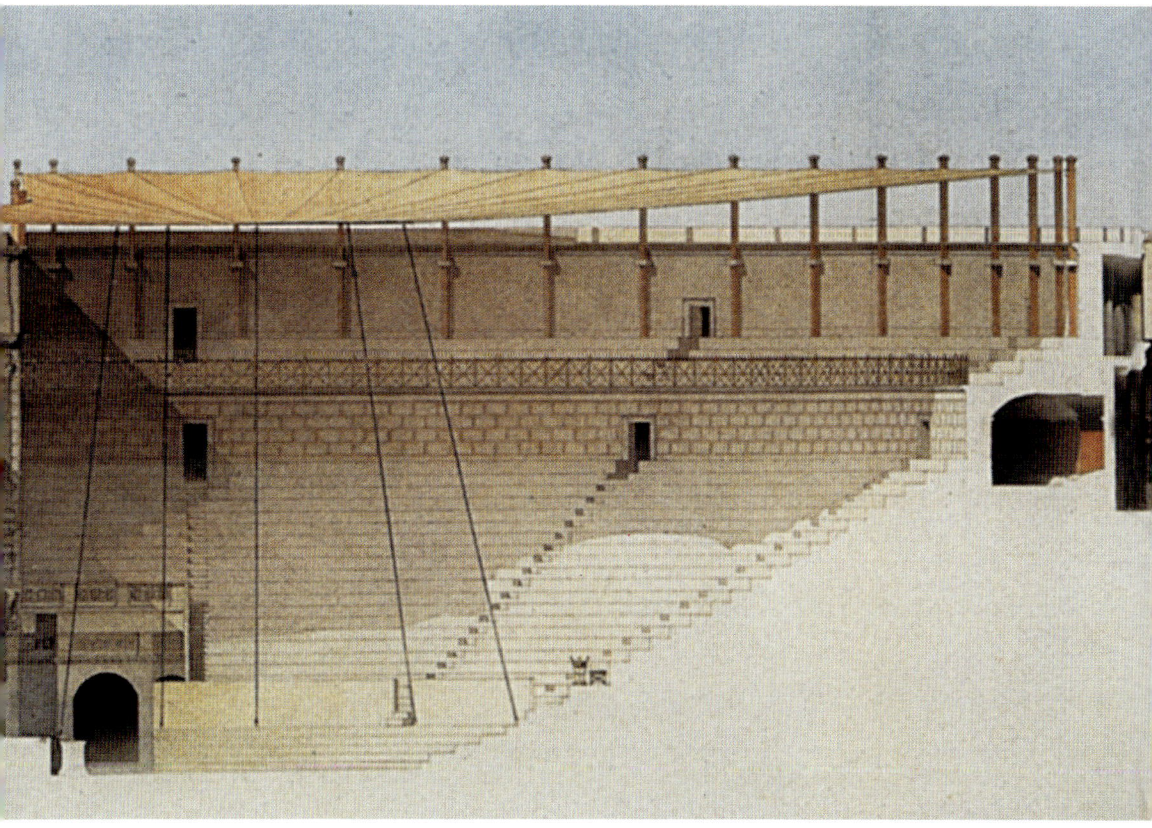

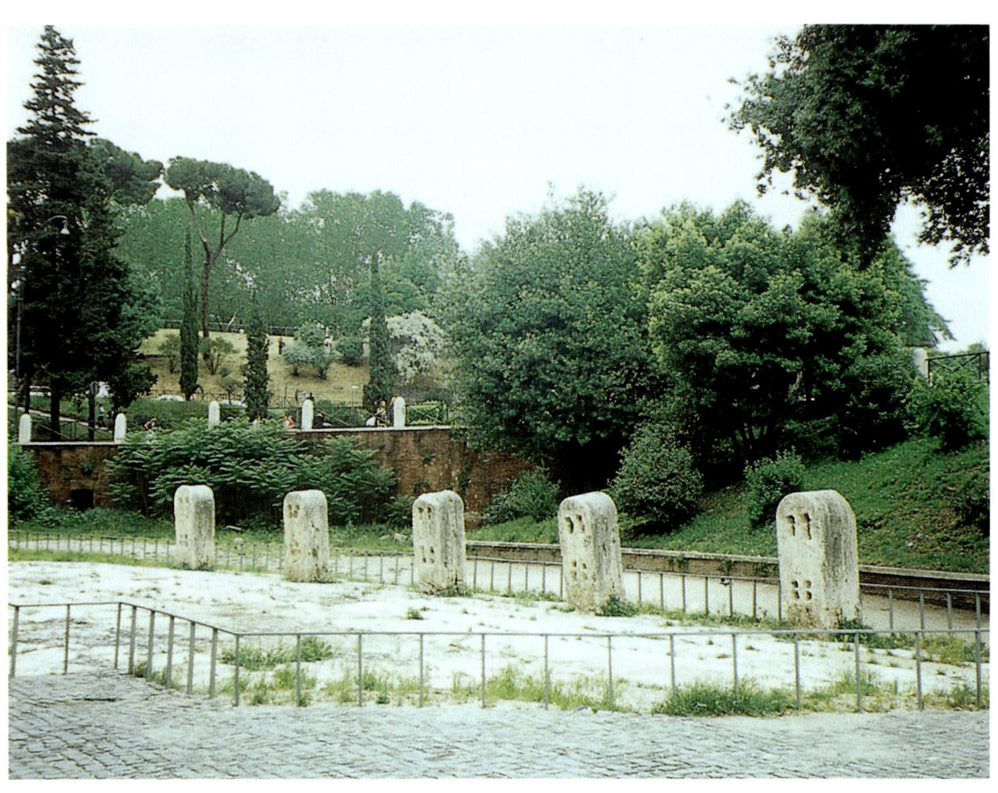

31. Roma. Cippi esterni lungo il perimetro del Colosseo ritenuti da molti studiosi funzionali al sollevamento del velario.

mollemente la concavità della cavea. È quanto si deduce anche da un passo di Properzio (IV, 1, 15), e dal famoso affresco raffigurante la rissa fra pompeiani e nucerini (fig. 58). Alla sommità dell'edificio si trovavano delle mensole di appoggio per i pali ai quali era collegato un sistema di corde e carrucole atte a stendere o ad avvolgere il *velarium*. Esso si poteva spiegare e ammainare molto velocemente, anche durante lo svolgimento dello spettacolo. A questo proposito Svetonio (*Cal.*, 26) racconta che l'imperatore Caligola, durante una rappresentazione, ordinò che si chiudesse il velario, facendo rischiare l'insolazione al pubblico, al quale era stato impedito di lasciare l'edificio. A Roma, lungo il perimetro del Colosseo, sono ancora visibili cinque dei centosessanta cippi che, secondo un'ipotesi non da tutti condivisa, consentivano l'ancoraggio dei cavi di sostegno del *velarium* (fig. 31).

Oltre al velario esistevano altri *comfort* per alleviare agli spettatori la lunga permanenza nell'anfiteatro. Molto apprezzate erano le vaporizzazioni di acqua profumata da croco o zafferano (*sparsiones*), che servivano a mitigare il caldo ed ad attenuare i forti 'odori' prodotti dalle belve e dalla enorme folla (Lucrezio, *De rerum natura*, II, 416; Ovidio, *Ars Amatoria*, I, 104; Plinio, *Naturalis historia*, XXI, 33; Marziale, *Spect.*, 3, 8). Secondo la descrizione di Seneca (*Naturales Quaestiones*, II, 9, 2; *Epistole*, 90, 15) l'acqua era forzata sotto pressione attraverso tubi perforati che circondavano il perimetro ester-

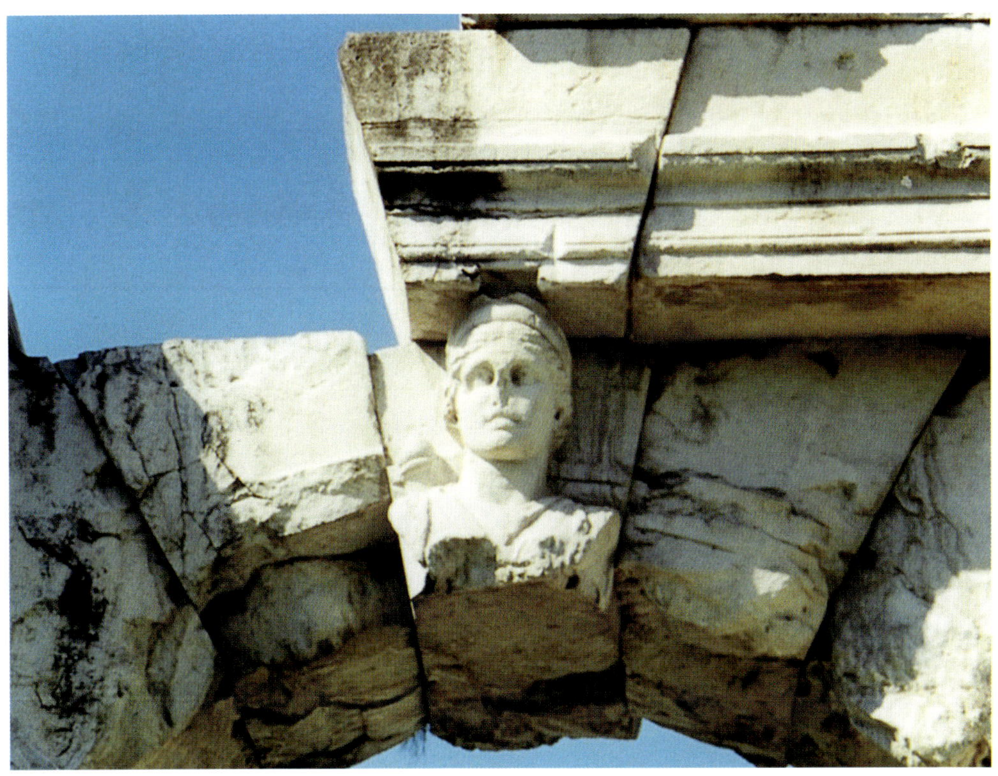

32. S. Maria Capua Vetere, Anfiteatro. Busto decorativo posto sulla chiave dell'arco dell'ordine esterno.

no dell'arena. Questi spruzzi potevano arrivare a grandi altezze, ricadendo in forma di goccioline sugli spettatori. Forse esistevano anche altri meccanismi per realizzare le *sparsiones*. Nel teatro di Pompei sembra possibile immaginare la presenza di serbatoi sulla summa cavea da cui l'acqua cadeva sui gradini, ma non sotto forma di getto. Un'altra modalità sembra dedursi da un passo di Lucano, ove si fa riferimento a statue poste alla sommità di una cavea da cui scaturivano getti d'acqua allo zafferano (Lucano, *Bellum Civile*, IX, 808-810).

Lo stato di rovina in cui gran parte degli edifici anfiteatrali ci è giunto non fa comprendere a pieno quanto ricca potesse essere la loro decorazione. Dai resti conservati, sembra che molte parti dell'anfiteatro fossero provviste di decorazione architettonica in marmo, o pittorica: transenne delle rampe di accesso alla cavea (*vomitoria*), podio intorno all'arena, palco delle autorità. Colonne e capitelli arricchivano gli ingressi principali, e sugli archi si trovavano spesso busti a rilievo, come nell'Anfiteatro di Capua (fig. 32). Anche nicchie ed edicole erano spesso rivestite di marmi, mentre stucchi e pitture ricoprivano le volte e le pareti dei corridoi. Talvolta erano in marmo decorato anche le transenne poste agli ingressi per regolare il flusso degli spettatori. Infine, statue di divinità e di personalità munifiche della città potevano completare l'ornamentazione di questi edifici da spettacolo.

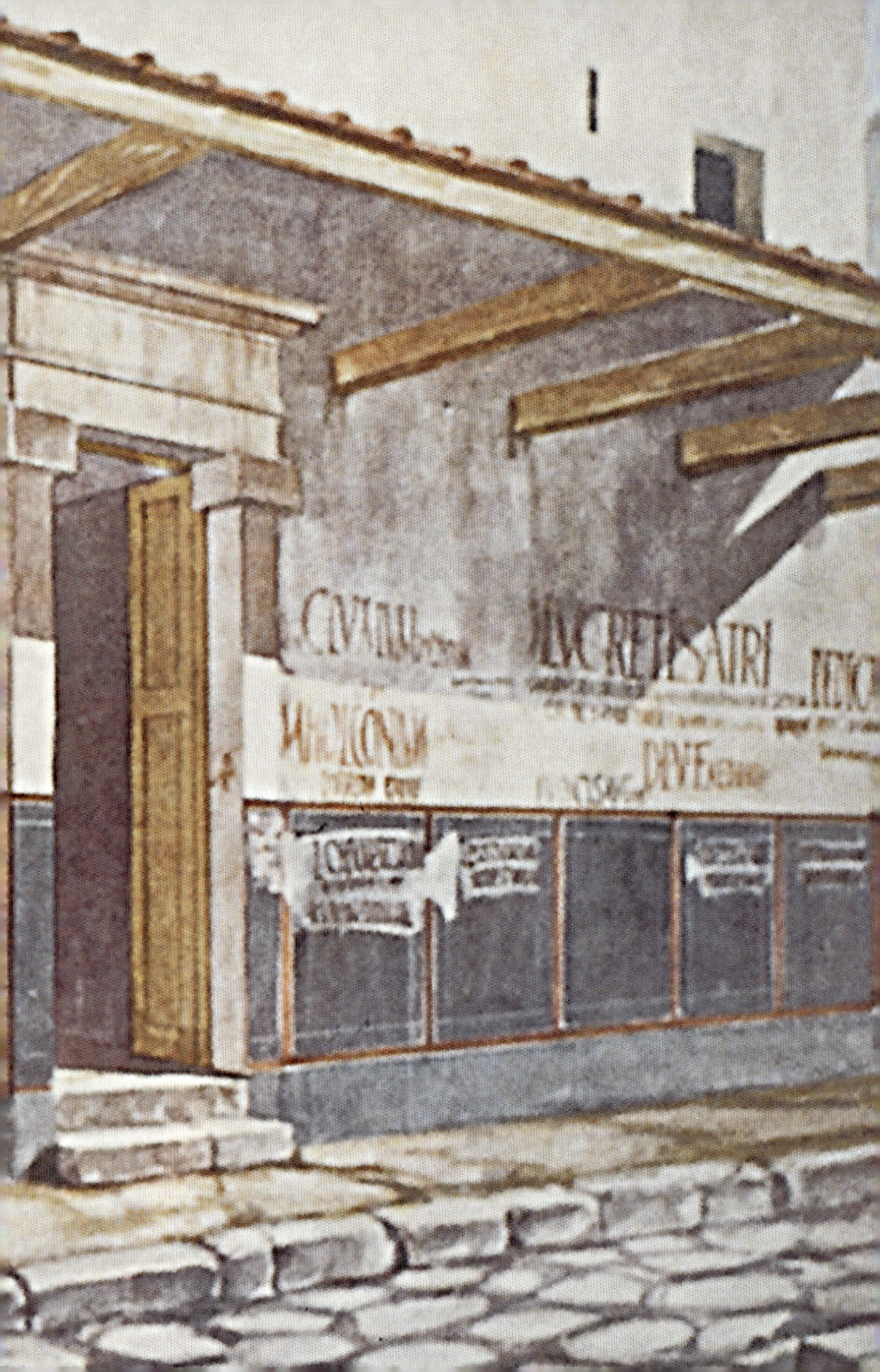

Parte Seconda

A POMPEI

Pompei è un osservatorio privilegiato per quanto riguarda la vita dei gladiatori e l'organizzazione dei giochi. Si conservano infatti non solo l'anfiteatro, il *ludus* ove i gladiatori si allenavano e forse vivevano, la sede della loro armeria, le case dove vivevano gli organizzatori dei giochi e le loro tombe, ma anche gli annunci degli spettacoli, i graffiti tracciati dagli stessi gladiatori, le pitture e gli oggetti decorati con scene gladiatorie che ne attestano la popolarità.

I DOCUMENTI

Sicuramente tra i documenti più interessanti e ricchi di informazioni ci sono le iscrizioni parietali che hanno, a ragione, reso famosi i muri di Pompei. Scritte murali abbondavano in ogni centro abitato del mondo antico, ma solo nelle città sepolte dall'eruzione del 79 se ne conservano in tal numero. Finora sono state pubblicate più di 7000 iscrizioni parietali da Pompei e dal suo territorio. Sono state trascritte nel IV volume del *Corpus Inscriptionum Latinarum* (CIL) e nei successivi Supplementi. La maggior parte di queste iscrizioni si data all'ultimo periodo di vita di Pompei, ma non mancano scritte più antiche.

33. Iscrizioni parietali sui muri di Via dell'Abbondanza a Pompei (da Spinazzola 1953).

Le iscrizioni parietali sono essenzialmente di due tipi: quelle scritte a pennello e quelle graffite. Gli *edicta munerum*, ovvero i programmi che annunciavano alla popolazione gli spettacoli previsti nell'Anfiteatro, erano - al pari dei manifesti elettorali - dipinti da scrivani professionisti (fig. 33). Alcuni di essi hanno lasciato anche il loro nome come Emilio Celere, che si vanta di aver dipinto l'annuncio gladiatorio da solo (generalmente c'era un aiutante che teneva la lanterna, perché l'annuncio veniva scritto di notte) e al chiarore lunare

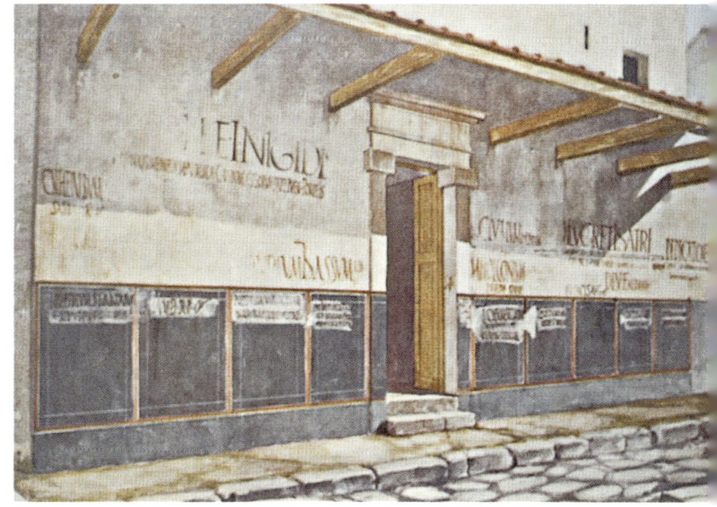

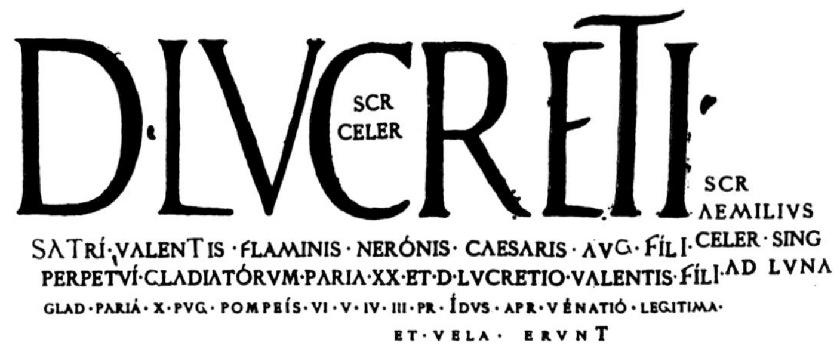

D·LVCRETI·
SCR
CELER
SATRÍ·VALENTIS·FLAMINIS·NERÓNIS·CAESARIS·AVG·FÍLI·
PERPETVÍ·GLADIATÓRVM·PARIA·XX·ET·D·LVCRETIO·VALENTIS·FÍLI·
GLAD·PARIÁ·X·PVG·POMPEÍS·VI·V·IV·III·PR·ÍDVS·APR·VÉNATIÓ·LEGITIMA·
ET·VELA·ERVNT
SCR
AEMILIVS
CELER·SING
AD LVNA

34. Iscrizione dipinta in colore rosso Regio IX insula 8: 'Venti coppie di gladiatori di Decimo Lucretio Satrio Valente, flamine perpetuo di Nerone Cesare figlio dell'Augusto e dieci coppie di gladiatori del figlio Decimo Lucretio Valente, combatteranno a Pompei nei giorni 8-9-10-11 e 12 aprile. Combattimento con le fiere conforme alle norme; ci sarà il velario' Nella C: 'Ha dipinto Celere'. Al lato: 'Ha dipinto Emilio Celere da solo, al chiarore lunare' (Metà I sec. d.C.).

(*Scripsit Aemilis Celer singulus ad lunam*, CIL, IV 3884) (fig. 34). Gli *edicta* erano commissionati dai magistrati locali, che per legge erano tenuti a dare spettacoli gladiatori nell'anno del loro incarico, in parte a spese della città, in parte a spese proprie. Il formulario è pressoché identico, con poche varianti o aggiunte. All'inizio e a lettere più grandi c'era il nome dell'*editor muneris* al genitivo; seguiva il numero di coppie di gladiatori (*gladiatorum paria*) che si sarebbero esibiti, numero che in genere era di venti *paria*, cioè di quaranta gladiatori (fig. 35). A volte era indicata espressamente l'occasione particolare per cui lo spettacolo veniva offerto (*causa muneris*). Infatti potevano esserci anche motivazioni non legate ad obblighi statutari municipali perché un magistrato o un sacerdote allestisse uno spettacolo. Ciò avveniva per esempio per l'inaugurazione di un monumento o di un edificio pubblico, come nel caso di un altare a Pompei (CIL, IV 1180), o di quadri dipinti (CIL, IV 1177; 1178; 3883; 7993), oppure, ma piuttosto raramente in età imperiale, in occasione di funerali. Tra i più attestati a Pompei sono i *munera pro salute imperatoris*, spettacoli dati in onore dell'imperatore, con i quali i magistrati *editores* speravano di accattivarsi il favore imperiale. Quasi sempre negli *edicta* si annunciavano anche il luogo e la data della rappresentazione. Veniamo così a sapere che per la maggior parte gli spettacoli occupavano o l'arco di una sola giornata o di quattro giorni. Più rare sono le rappresentazioni che duravano due o tre giorni. Anche se non mancano attestazioni che riguardano un po' tutti i mesi dell'anno, il periodo prescelto più frequentemente era quello primaverile (da marzo a giugno) per il clima favorevole. A volte gli *edicta* specificavano che lo spettacolo avrebbe avuto luogo solo se il tempo lo avesse permesso (*qua dies patientur*) o, al contrario, senza alcuna proroga (*sine ulla dilatione*). Per assicurare agli spettatori una confortevole permanenza nell'anfiteatro soprattutto d'estate era previsto il velario, che veniva steso sulla sommità dell'edificio; gli *edicta* non mancano di rimarcare questo utile *comfort*. Gli annunci gladiatori sono numerosi sulle tombe, specialmente quelle fuori Porta Nocera (fig. 43). Era questa infatti una grande via di comunicazione che legava i centri costieri (Pozzuoli, Napoli, Ercolano) con il sud e con il ricco entroterra campano. Molti degli annunci gladiatori si riferiscono proprio agli spettacoli che si sarebbero dati in questi importanti centri della Campania.
I graffiti invece, sono le iscrizioni o i disegni tracciati su una superficie dura (principalmente il muro) con uno strumento appuntito (fig. 36). A tracciarli poteva essere chiunque, uomini, donne e bambini, che desideravano partecipare agli altri i propri sentimenti, i propri pensieri o

CN·ALLEI·NIGIDI
MAI QVINQ·SINE·IMPENSA·PVBLICA·GLAD·PAR·XX·ET·EORVM·SVPP·PVGN·POMPEIS

GAVELLIVS TIGILLO
ET·CLODIO·SAL
TELEPHI·SVMM·RVDIS
INSTRVMENTVM·MVNERIS
V·VA
DIADVMENO·ET·PYLADIONI

35. *Edictum muneris* dipinto sulla facciata della casa di A. Trebio Valente (III 2, 1): 'Venti Coppie di gladiatori ed i loro sostituti del quinquennale Gneo Alleio Nigidio Maio combatteranno a Pompei senza spesa pubblica'. Al lato, scritto a lettere minori: 'Gavellio saluta Tigillo e Clodio; salute ovunque tu sia o Telefo *summa rudis* e *instrumentum muneris.* Evviva Diadumeno e Piladione (I sec. d.C.).

le prese in giro, gli insulti, i saluti, le frasi d'amore. Era talmente diffusa la mania di scrivere sui muri che a Pompei circolava il seguente distico, pervenuto in tre copie: 'Mi meraviglio, o muro, che tu non sia crollato sotto il peso di tante sciocchezze' (CIL, IV 1904, 2461, 2487). Questi documenti scritti ci offrono dunque interessanti informazioni anche sul mondo della gladiatura, e soprattutto ci hanno permesso di conoscere i nomi dei protagonisti: organizzatori, lanisti, gladiatori e *fans*, di cui altrimenti sarebbe svanito ogni ricordo.

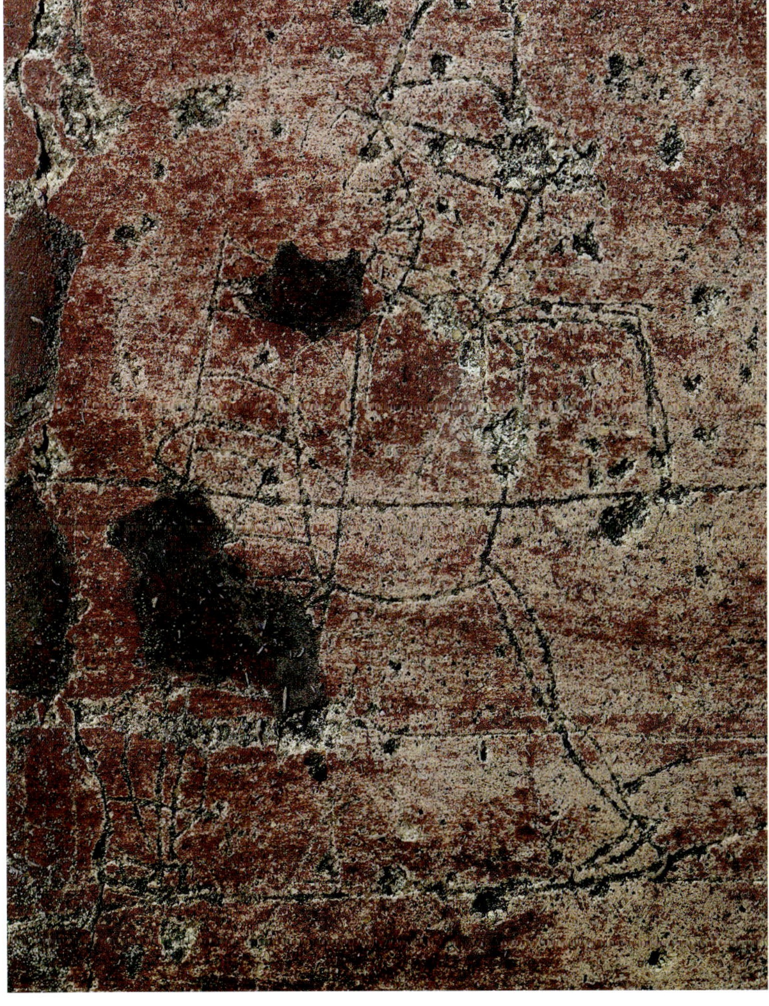

36. Pompei, corridoio dei Teatri. Graffito di gladiatore (I sec. d.C.).

I Protagonisti

Gli *Editores*

Gli *editores munerum* sono i personaggi che, a vario titolo, finanziavano in parte o del tutto l'allestimento di spettacoli gladiatori. Le iscrizioni attestano a Pompei l'esistenza di almeno una decina di *editores*, tutti appartenenti all'ambito della magistratura locale.

Ai tempi in cui Pompei era divenuta colonia romana, ai vertici dell'amministrazione cittadina vi erano due 'sindaci', i *duoviri iure dicundo*, che avevano il compito di amministrare la giustizia, convocare e presiedere le assemblee ed il consiglio cittadino (*ordo decurionum*). C'era poi una coppia di 'assessori', gli edili (*aediles*), a cui era affidata la cura delle strade, degli edifici pubblici, dei mercati e dell'ordine pubblico. Infine, allo scopo di procedere al censimento dei cittadini e di aggiornare le liste di censo, ogni cinque anni venivano eletti dei *duoviri* detti *quinquennales*. Essi erano in contatto con il governo centrale e la loro autorità era maggiore di quella dei normali duoviri. Esistevano poi delle cariche sacerdotali: il *pontifex*, preposto ai culti ufficiali della città, e l'*augur*, esperto nella divinazione. Anche il culto dell'imperatore era amministrato da una gerarchia di sacerdoti e sacerdotesse: i più importanti erano i *flamines Augusti*, mentre i ceti inferiori potevano aspirare a divenire *Augustales*.

I magistrati municipali non percepivano stipendio, anzi erano tenuti a sborsare somme notevoli durante il loro anno di carica. Erano infatti obbligati ad offrire spettacoli o a finanziare opere pubbliche nell'anno in cui erano in carica. Dunque chi volesse intraprendere una carriera politica doveva essere sufficientemente ricco per pagare le spese di 'rappresentanza'. In compenso i magistrati municipali godevano di molti privilegi di carattere onorifico.

Tra i magistrati *editores* attestati a Pompei, ricordiamo *A. Clodius Flaccus* che fu *editor* due volte, una come *duovir* ed un'altra come *quinquennalis*. Era un alto personaggio dell'aristocrazia locale di età augustea, appartenente alla *gens* dei *Clodii*, proprietari di vigneti dell'area vesuviana e produttori del famoso vino *Clodianum*. In un'iscrizione sepolcrale, oggi perduta (CIL, X 1074 d) viene elencata minuziosamente la sua attività di *editor*. Per il primo duovirato (intorno al 20 a.C.) in occasione delle feste di Apollo, egli fece sfilare nel Foro la processione solenne di tutti i partecipanti al gioco (*pompa*); presentò tori e toreri, pugili, tre coppie di *pontarii* (sorta di gladiatori che combattevano su una passerella), e fece allestire anche rappresentazioni sceniche con buffoni e pantomimi, tra i quali si esibì Pilade, da identificarsi forse con il liberto di Augusto famoso per aver creato il genere pantomimico. In occasione del secondo duovirato (che coincise con la quinquennalità) *A. Clodius Flaccus* offrì degli spettacoli ancora in coincidenza con i *ludi Apollinares*. Fece di nuovo sfilare la *pompa* nel Foro, e fece esibire tori, toreri e pugili. Mancarono le rappresentazioni teatrali, sostituite con una giornata di incontri di trenta coppie di lottatori e quaranta di gladiatori nell'Anfiteatro. A questo proposito è interessante notare che il testo dell'epigrafe scinde il numerale 40 in 35 + 5. Questo ha fatto ipotizzare a qualche studioso che vi fossero 35 coppie di gladiatori e cinque di gladiatrici. Come abbiamo visto (cfr. cap. I, p. 17 ssg.) esistono testimonianze sulla presenza di donne nell'arena, ma la cosa restava un fatto piuttosto eccezionale, e dunque si sarebbe specifi-

cata la loro presenza nell'arena, il che certamente avrebbe attirato un più vasto pubblico. Si tenne anche una caccia con cinghiali ed orsi e tauromachie. In occasione del terzo triunvirato (3-2 a.C) vennero offerte solo rappresentazioni teatrali, sia pure con attori di prim'ordine.
Un altro *editor* fu *M. Tullius*; il suo spettacolo si tenne a Pompei nei giorni 4-7 novembre, e di questa manifestazione restano tre *edicta munerum* scritti su alcune tombe della necropoli di Porta Nocera (CIL IV 9979; 9980; 9981a). Anch'egli faceva parte di una ricca famiglia molto potente in età augustea, e forse è da identificare con lo stesso personaggio che aveva fatto costruire a sue spese e su suolo privato il Tempio della Fortuna Augusta. Lo spettacolo dato da *M. Tullius* prevedeva un combattimento con le fiere e venti coppie di gladiatori.
Due importanti *editores* furono Decimo Lucrezio Satrio Valente e il figlio Decimo Lucrezio Valente. Talvolta padre e figlio ricorrono insieme nelle iscrizioni come *editores munerum* (CIL, IV 3884; 7992; 7995; 1185) (fig. 34). Il padre ricoprì la prestigiosa carica di *flamen Neronis Caesaris Augusti fili perpetuus*. Il flaminato non sembra essere stato l'unico legame tra il personaggio pompeiano e l'imperatore. Tra Nerone e Satrio Valente dovevano intercorrere dei rapporti più stretti e personali, come sembra dedursi dal famoso dipinto raffigurante la rissa nell'anfiteatro di Pompei (fig. 58). Sulle pareti della Palestra, anch'essa riprodotta sull'affresco, era ben visibile la scritta: *D. Lucretio fel(i)citer* e, in caratteri greci, *Satri(o) Oualenti, O(g)ousto Ner(oni) feliciter.* Secondo alcuni studiosi l'acclamazione che accomuna Satrio Valente a Nerone farebbe pensare che fosse stato proprio Satrio Valente a intercedere presso l'imperatore per la riapertura prima del tempo fissato dell'anfiteatro, di cui era stata decisa la chiusura per dieci anni in seguito alla rissa del 59 (cfr. p. 106). Secondo alcuni studiosi la pittura sarebbe stata realizzata proprio in occasione di questa felice circostanza. Un graffito tracciato su una colonna del ludo gladiatorio di Pompei getta una luce ambigua sulla figura della moglie di D. Lucretio Valente, il figlio di Satrio (CIL, IV 8590). Si ricorda la vendita di due gladiatori (un *eques* e un *traex-murmillo*) di prima qualità (*primae rationis*) alla moglie di Lucretio Valente. È piuttosto strano che l'acquisto venga fatto dalla moglie dell'*editor*, ed inoltre un magistrato o un sacerdote che organizzava uno spettacolo non possedeva personalmente una *familia gladiatoria*, ma semplicemente l'affittava temporaneamente dal *lanista*. È perciò probabile che il verbo *venio* abbia piuttosto un significato osceno, con allusione alla moglie dell'*editor D. Lucretius Valens*, la quale, al pari di molte altre matrone della buona società, avrà subito il fascino dei gladiatori.
In età neroniana va collocata anche l'attività di un altro *editor*, *Ti. Claudius Verus*. Egli offrì uno spettacolo nei giorni 25 e 26 febbraio *pro salute Neronis*, nel quale si esibirono atleti, vi furono cacce, ma non vi furono gladiatori (CIL, IV 1181; 7989) forse a causa del divieto imposto dopo la rissa del 59. L'anno del duovirato di Claudio Vero fu il 61/62. Il 5 febbraio del 62 un terribile terremoto aveva semidistrutto la città. È dunque strano che a soli venti giorni dal sisma si fosse tenuto uno spettacolo, anche se non si può escludere che si fosse svolto in un luogo diverso dall'anfiteatro lesionato. Ad epoca neroniana va collocata anche l'attività di *editor muneris* dell'edile *A. Suettius Certus*, che nel suo spettacolo fece combattere anche i famosi Neroniani (CIL IV, 1189; 1190; 1191; 7987). Nell'ultimo periodo

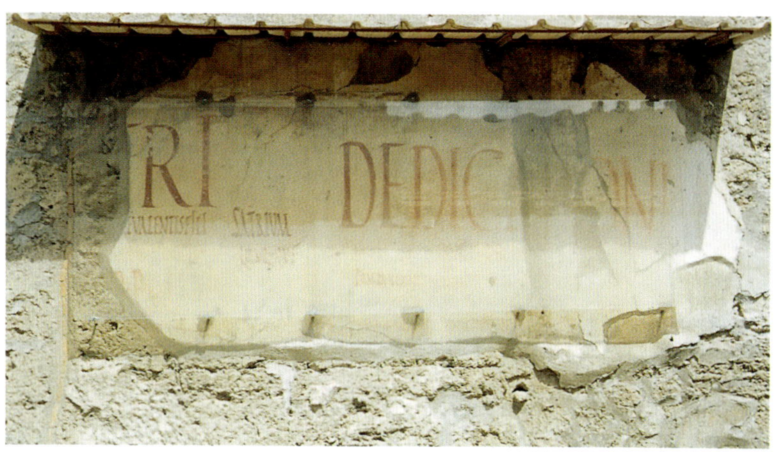

37. Pompei, *edictum* dipinto lungo via dell'Abbondanza (III 2, 1): 'Per l'inaugurazione delle Tavole dipinte di Gneo Alleio Nigidio Maio, ci sarà a Pompei il 13 giugno parata, caccia alle fiere, lottatori e il velario. Salve a Nigra. (Ha dipinto l'editto) Ocella'. (DAIR 61.110)

di vita della città va inquadrata l'attività politica di un altro personaggio influente di Pompei, *N. Popidius Rufus*, che organizzò un combattimento con le fiere. Nell'iscrizione dipinta davanti all'ingresso del Ludo Gladiatorio (CIL, IV 1186) viene specificato che nel corso dello spettacolo sarebbe stato steso il velario e forse - ma la scritta non è chiara - sarebbero state distribuite delle mele agli spettatori. Talvolta infatti gli editori elargivano doni alla folla che assisteva allo spettacolo.

Il più noto organizzatore di spettacoli anfiteatrali a Pompei fu *Cn. Alleius Nigidius Maius*. Le iscrizioni pompeiane ci hanno lasciato numerose informazioni su questo personaggio: fu duoviro quinquennale nell'anno 55-56 d.C.; rivestì l'ambita carica di *flamen* e si prodigò a tal punto nell'organizzare spettacoli da meritarsi l'appellativo di principe dei giochi (*princeps munerariorum*, CIL, IV 7990). Probabilmente ebbe qualche responsabilità nella rissa scoppiata nell'Anfiteatro di Pompei, ma non vi rimase coinvolto, perché è ancora protagonista della vita politica e sociale di Pompei anche dopo quel luttuoso avvenimento. In alcuni annunci (CIL, IV 1177; 1178; 7993; 3883) si fa riferimento a spettacoli che l'*editor* avrebbe dato per l'inaugurazione di *operis tabularum* (fig. 37). Alcuni studiosi hanno pensato che si trattasse dell'inaugurazione del nuovo archivio amministrativo (*tabularium*), restaurato dopo il terremoto del 62. Altri invece hanno ipotizzato che gli spettacoli fossero stati offerti per l'inaugurazione di quadri su tavola (*tabulae*) fatti dipingere da Maio per ricordare alla popolazione gli splendidi spettacoli offerti durante la sua quinquennalità. Probabilmente ciò accadde in un periodo in cui, in seguito alla 'squalifica' dell'anfiteatro, non potevano svolgersi combattimenti gladiatori, ma solo spettacoli di atleti e cacce. I quadri dipinti avrebbero dunque avuto lo scopo di destare nei Pompeiani il ricordo dei combattimenti da loro tanto amati, e con esso l'auspicio che presto sarebbero tornati a svolgersi. In tarda età flavia deve collocarsi l'attività dell'edile *M. Casellius Marcellus*, elogiato come abile organizzatore di giochi in un graffito (CIL IV, 4999) trovato presso l'ingresso di quella che probabilmente era la sua abitazione (IX, 2, 26). Di incerta collocazione cronologica è l'attività come *editor* di *L. Valerius Primus*, che offrì il *munus* in qualità di *augustalis* (CIL IV, 9962).

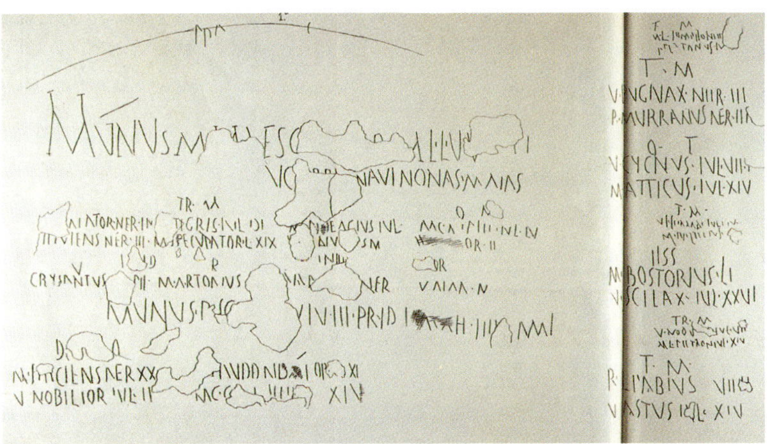

38. Graffito da Pompei riproducente un libello gladiatorio (CIL IV, 2508): 'Si è svolto un primo spettacolo gladiatorio di Marco Mesonio nei giorni....e 2 maggio'. Seguono su due colonne i nomi delle coppie di gladiatori con la relativa classe di appartenenza e l'esito del combattimento.

I lanisti e le *familiae gladiatoriae*.

I magistrati che, come abbiamo visto, erano tenuti per legge ad offrire dei *munera* nel loro anno di carica, si servivano dei lanisti per procurarsi i gladiatori e organizzare lo spettacolo. Dallo studio degli *edicta* pompeiani sembrano individuarsi solo tre lanisti, ma certamente ne saranno esistiti anche altri. In realtà non è sempre facile individuare il lanista in queste iscrizioni, dal momento che il termine lanista non viene mai usato, forse per il marchio di infamia che si portava dietro.

Il più noto fra i lanisti pompeiani è stato identificato da alcuni studiosi in *Numerius Festius Ampliatus*, la cui attività si colloca tra l'età claudia e l'età neroniana. Il suo nome ricorre su due *edicta* e in un'iscrizione dipinta sul sepolcro a lungo ritenuto di *A. Umbricius Scaurus* nella necropoli di Porta Ercolano (fig. 71) e recentemente invece attribuito allo stesso *Ampliatus*. L'*edictum* (CIL, IV 1183), trovato sul muro esterno della Basilica, ci attesta che la compagnia gladiatoria di *Numerius Festius Ampliatus* avrebbe dato una replica il 15 e 16 maggio. Evidentemente lo spettacolo offerto qualche tempo prima aveva incontrato un tale favore di pubblico che si richiedeva un bis. L'altro *edictum* (CIL, IV 1184), dipinto su una parete del Ludo Gladiatorio, annunciava che la *familia gladiatoria* di Festio Ampliato avrebbe combattuto a Formia. Probabilmente l'iscrizione, oltre ad informare i Pompeiani disposti ad una trasferta per seguire i loro beniamini, serviva anche a reclamizzare la compagnia, la cui fama era giunta fino a quella lontana cittadina.

In età neroniana va collocata anche l'attività di un altro lanista, *M. Mesonius*, noto grazie ad un graffito (CIL, IV 2508) che riproduce il programma di un libello gladiatorio (fig. 38). Il graffito riporta il nome del lanista, la data dello spettacolo, l'elenco delle coppie gladiatorie e l'esito del combattimento. È interessante notare che tra i gladiatori di questo *munus* vi erano anche i famosi gladiatori di scuola imperiale: *Iuliani* e *Neroniani*. La loro presenza attesta l'abilità di *Mesonius* non solo nel gestire una propria *familia gladiatoria*, ma anche nel procurarsi altri gladiatori di fama per arricchire i suoi spettacoli.

Il lanista *Pomponius Faustinus* è attestato da un graffito posto su una colonna del Ludo Gladiatorio, databile fra il 62 e il 79 d.C.: i suoi gla-

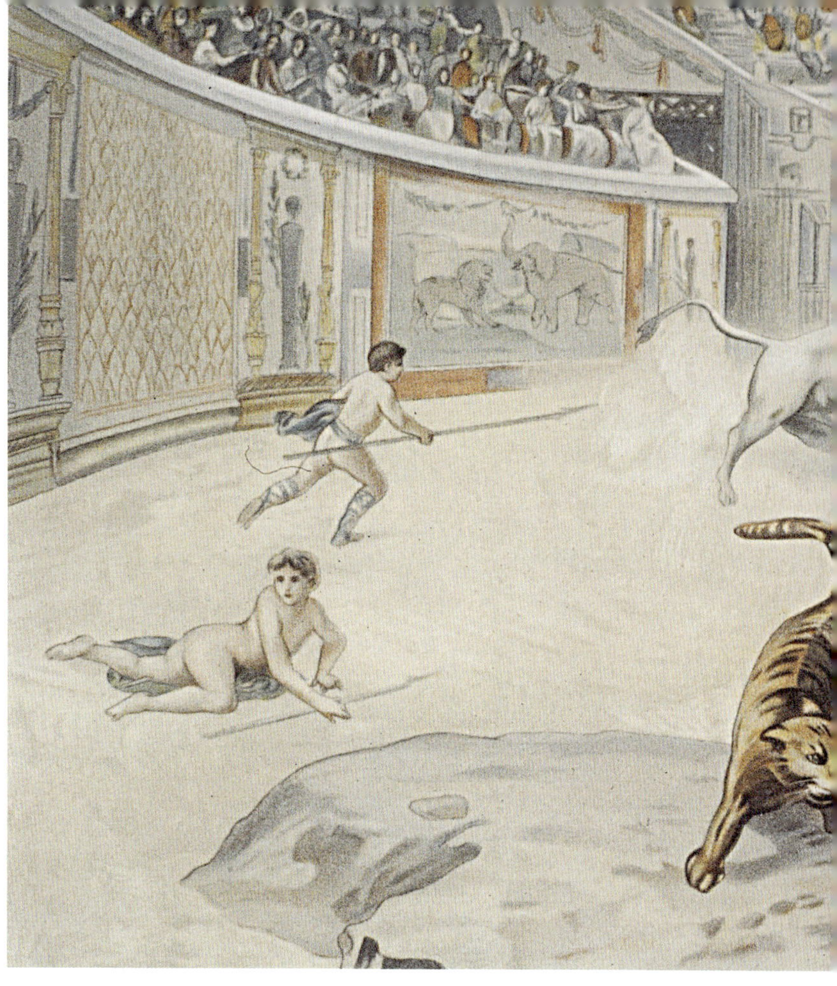

diatori si firmano genericamente *familia gladiatoria Pomponi Faustini* (CIL, IV 2476).

Come si è visto, l'attività del lanista era alquanto gravosa. Il gran numero di gladiatori impegnati solitamente nei combattimenti - venti coppie - imponeva un notevole sforzo di reclutamento. Inoltre un lanista che avesse voluto guadagnare fama e danaro doveva procurare combattenti bravi e famosi, il che aumentava il fiuto imprenditoriale e la mole degli investimenti.

Essi erano sempre alla ricerca di nuovi talenti, che rimpiazzassero i gladiatori uccisi o quelli congedati. La loro attività di reclutamento si svolgeva spesso nel Foro, ove era possibile comprare schiavi o incontrare giovani avventurieri o sfaccendati disposti a tutto per guadagnare. I lanisti dovevano anche trattare con le autorità cittadine per concordare l'uso dell'anfiteatro, ed i diritti da versare al fisco per gli spettacoli. Infine mantenevano rapporti con gli uffici giudiziari ed il carcere, da cui prelevavano i condannati a morte da esibire durante gli spettacoli. Tutta questa intensa attività aveva sicuramente bisogno di una sede, e la studiosa Rosaria Angelone ha ipotizzato che a Pompei uno di questi uffici si trovasse nella Regio VII, 5, 15, in un locale presso il Foro, purtroppo andato completamente distrutto dai bombardamenti anglo-americani dell'ultima guerra (cfr. infra p. 79).

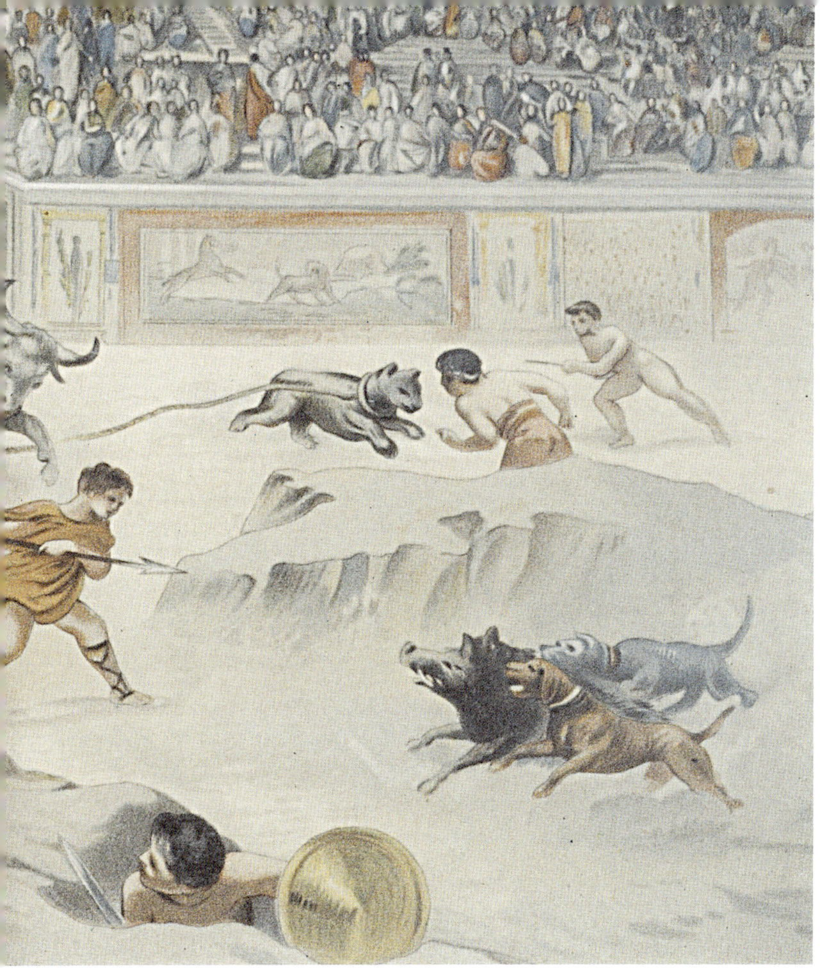

39. Ricostruzione di una venatio nell'Anfiteatro di Pompei (da Niccolini 1896.

I Gladiatori

Solo raramente gli *edicta munerum* riportano i nomi dei veri protagonisti dell'arena: i gladiatori. Proprio per il loro carattere genericamente informativo, gli annunci si limitano a elencare il numero di coppie di gladiatori che si sarebbero esibite, senza scendere in ulteriori dettagli. Ancora più limitate sono le informazioni sulla personalità e sui sentimenti dei gladiatori, che difficilmente traspaiono dagli annunci ufficiali. Nonostante ciò, anche grazie ai numerosi graffiti ritrovati, è possibile ricavare importanti informazioni sulla vita, la carriera e la popolarità dei gladiatori pompeiani. Nell'annuncio di uno spettacolo allestito dal quinquennale Alleio Nigidio Maio, tra le attrattive promesse al pubblico viene citato un certo *Ellios* o *Ellius* (CIL, IV 1179). Il suo nome appare in posizione finale, dopo la menzione di trenta coppie di gladiatori e una caccia. Evidentemente *Ellios* doveva essere un gladiatore tanto famoso che la sua presenza garantiva un maggiore afflusso di pubblico, e più lustro allo spettacolo annunciato. Soltanto quando un gladiatore o un *venator* avevano raggiunto la massima popolarità, infatti, si inseriva il loro nome fra le attrattive dello spettacolo. La stessa cosa accade in un altro editto (CIL, IV 9975) ove si menziona un certo *Sabinianus*, anch'egli noto gladiatore, mentre un graffito informa che nel previsto spettacolo di caccia *Felix* avrebbe combattuto contro gli orsi (CIL IV 1989). A lato di un annuncio (CIL IV 7991) si legge

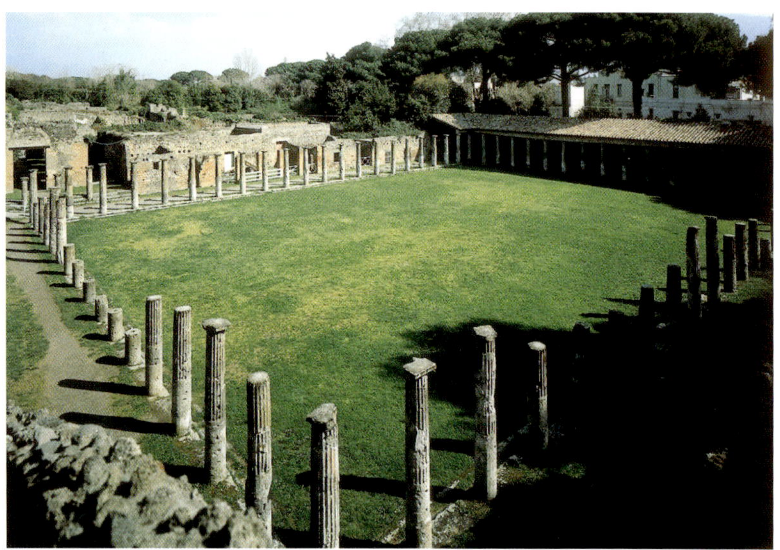
40. Pompei, quadriportico dei Teatri usato come Ludo gladitorio dopo il terremoto del 62.

una serie di elogi a personaggi che verosimilmente ruotavano intorno al mondo anfiteatrale. I più entusiastici sono per un ex gladiatore, Telefo, che aveva meritato la spada di legno (*rudis*), simbolo del congedo, e che era stato poi ingaggiato come istruttore. Egli è definito *instrumentum muneris*, strumento indispensabile all'allestimento dello spettacolo.

Più che gli annunci ufficiali sono i graffiti - a volte tracciati dagli stessi gladiatori, a volte dai loro sostenitori ed amici - a restituirci qualche traccia in più sulla loro personalità. Il maggior numero di graffiti ad essi relativi proviene naturalmente dai luoghi ove i gladiatori soggiornarono e si allenarono: la caserma sita nella Regio V 5, 3, abitata dai gladiatori sino all'età neroniana, e in seguito il Quadriportico dietro il Teatro, adattato a caserma dopo il terremoto del 62 (fig. 40).

Sullo stucco bianco delle colonne del portico della caserma V 5, 3, molti gladiatori graffirono i loro nomi o sintetiche impressioni, che offrono comunque importanti informazioni sulla loro vita (cfr. p. 65 e seg.). Grazie al graffito inciso da *Florus*, per esempio, apprendiamo che i gladiatori facevano trasferte piuttosto frequenti; *Florus* infatti scrive che fu vittorioso a Nocera il 28 luglio e che vinse nuovamente il 15 agosto nell'arena di Ercolano (CIL, IV 4299). Il murmillo *Samus* ci lascia un'utile informazione, quella che lui abitava lì (CIL, IV 4420). Una semplice firma per eternare il loro nome ed il loro ruolo lasciarono i murmilli *Herachinthus* e *Asicius*, gli essedari *Auriolus*, *Philippus* e il temibile *Amarantus*. Notizie più personali sono quelle lasciate dal trace *Celadus* e dal reziario *Cresces*, amici e rivali ad un tempo. Essi avevano un interesse comune: le ragazze. Celado si definisce "*suspirium puellarum*", "sospiro delle fanciulle" (CIL, IV 4397), ed anche "*puellarum decus*", "vanto delle fanciulle" (CIL, IV 4345). In un altro graffito i due gladiatori compaiono insieme: "il trace Celado; Crescente reziario, signore delle ragazze" ("*Trax Celadus; retiarius Cresces puparru domnus*", CIL, IV 4356). In un altro graffito *Cresces* sembra rivaleggiare con l'amico che vanta le sue con-

quiste, definendosi: “Crescente il reziario, medico… delle fanciulle notturne, mattutine e delle altre” (*Cresces retiarius puparum nocturnarum mattinarum aliarum ser[.]atinus [..] medicus*, CIL, IV 4353). Sicuramente i gladiatori godevano di grande popolarità presso le donne. Lo confermano testi letterari e poetici, come il noto passo della satira di Giovenale già citato (cfr. cap. I pag. 21) e i numerosi graffiti pompeiani. Proprio la passione suscitata da questi beniamini dell’arena ha fatto ipotizzare agli archeologi una romantica e drammatica storia d’amore tra una ricca matrona ed un gladiatore. Lo spunto fu dato dal ritrovamento dello scheletro ingioiellato di donna trovata nel Ludo gladiatorio di Pompei. La donna era forse rimasta vittima dell’eruzione durante un incontro, avventuroso e fatale (visto l’esito), con un campione locale. Nell’edificio V, 5, 3, si legge una pesante presa in giro del murmillo *Lucius Asicius* firmata da Jesus, nome che dimostra fra l’altro la presenza di ebrei a Pompei. Jesus, giocando sul ruolo di murmillone di *Asicius*, lo associa ad una salsa di pesce economica (*muriola*) e lo accusa di essere un ‘pesciolino’, cioè un combattente codardo e poco virile (CIL IV, 4287). Numerosi altri graffiti si trovano, come si è detto, nel quadriportico dei Teatri (VIII 7, 16), ove furono acquartierati i gladiatori nell’ultimo periodo di vita della città (cfr. p. 66 ssg.). Abbiamo così la toccante testimonianza del *provocator Mansuetus* (il nome è tutto un programma), il quale fa voto a Venere – dea protettrice di Pompei - di offrire in dono lo scudo se avesse vinto il combattimento (CIL, IV 2483).
Un graffito figurato (CIL IV, 8056) (fig. 41) mostra il duello tra due gladiatori, *Severus*, lo sconfitto, e *Albanus* il vincitore. Quest’ultimo rivela una particolarità: è mancino. Egli infatti, non solo è raffigurato con l’arma nella mano sinistra, ma viene espressamente definito *sc(aena)*, mancino appunto, nel graffito che accompagna il dise-

41. Graffito figurato con il combattimento fra *Severus* e il gladiatore mancino *Albanus* (CIL IV, 8056).

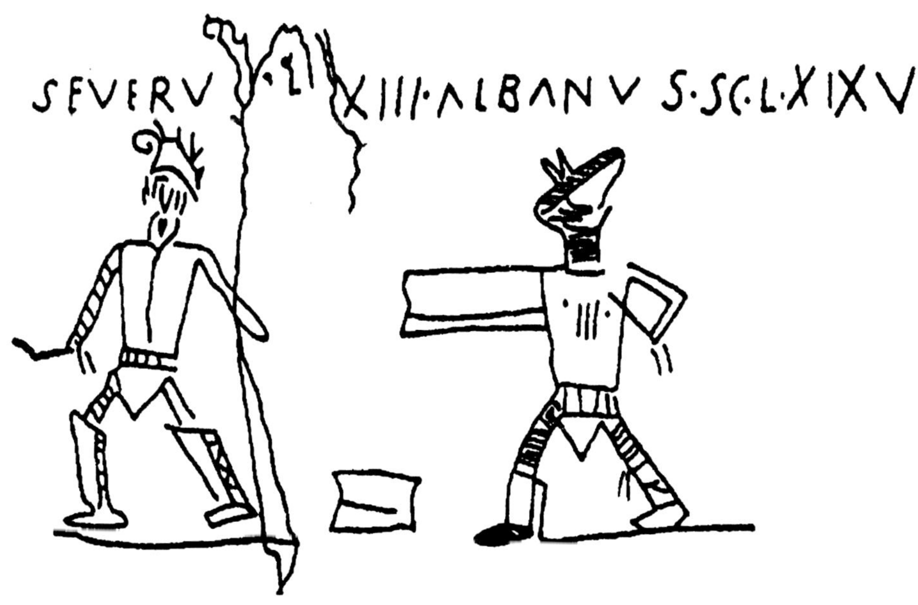

gno. Sebbene non manchino attestazioni di gladiatori con la stessa peculiarità (CIL VI, 10180; Seneca, *Contr.*, 3, 10), il combattimento di un mancino sarà apparso interessante al punto da lasciarne memoria sul muro. Evidentemente i mancini erano avvantaggiati in combattimento, dal momento che un gladiatore veniva normalmente allenato per combattere dei destrorsi, e l'incontro con un mancino sovvertiva il classico svolgersi del combattimento. Anche su una delle colonne del peristilio della casa del Labirinto è graffito un gladiatore che imbraccia lo scudo con la destra e l'arma con la sinistra (fig. 42). Si tratta di *Oceanus*, che è graziato (*missus*) dopo aver per-

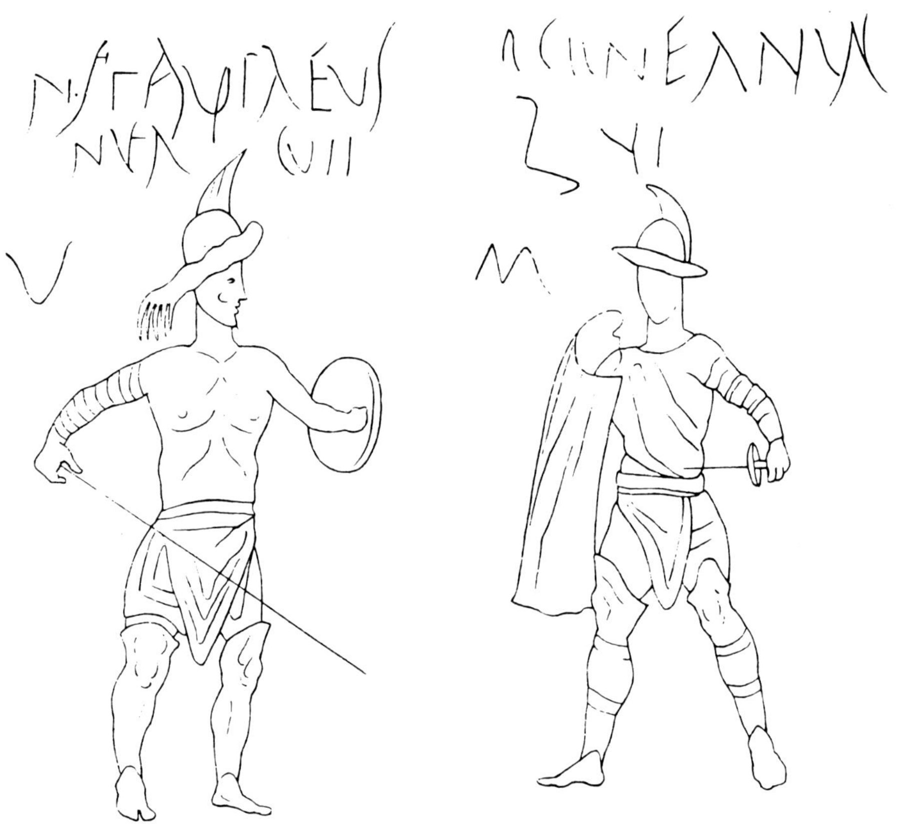

42. Pompei, Casa del Labirinto (VI 11, 9). Graffito raffigurante il combattimento tra il gladiatore neroniano *Asteropaeus e Oceanus.*

so l'incontro con il Neroniano *Asteropaeus*.

Gli annunci e i graffiti gladiatori sono numerosi sulle tombe, specialmente quelle fuori Porta Nocera. Su una di esse un tifoso disegnò con dovizia di particolari tre momenti salienti di uno spettacolo tenutosi nell'anfiteatro di Nola, e al quale aveva assistito (fig. 43). Una prima scenetta raffigura l'incontro più atteso poiché vedeva affrontati il più famoso dei gladiatori Neroniani (*Princeps Neronianus*) ed il rivale *Creunus*, che rimase sconfitto. Per sottolineare l'importanza dell'incontro l'ignoto artista disegnò i personaggi di dimensioni maggiori e abbondò nei dettagli, mostrando anche i trombettieri dell'anfiteatro. Una seconda vignetta rappresenta la lotta tra un giovane gladiatore di condizione libera, *Marcus Attilius*, al suo pri-

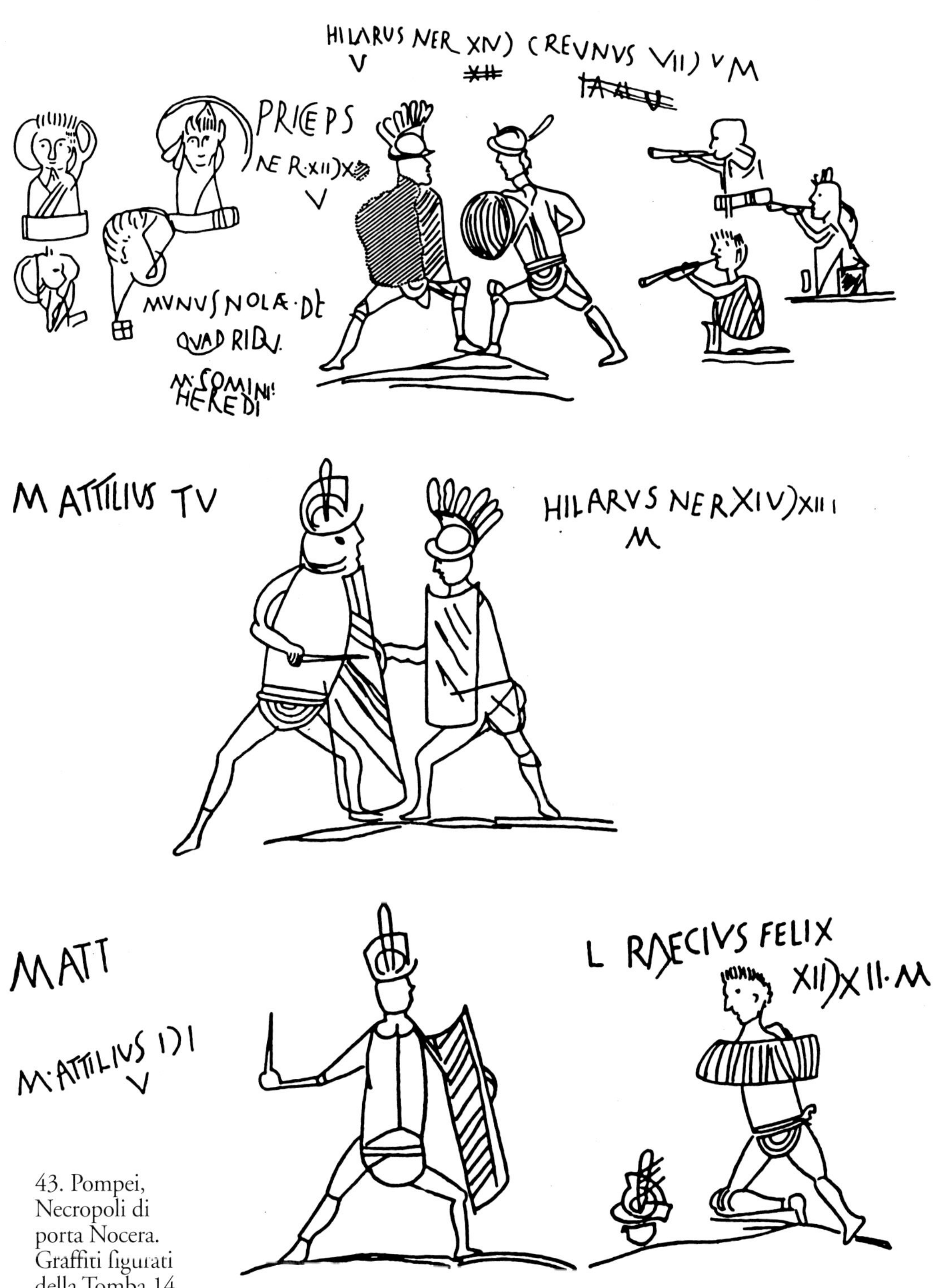

43. Pompei, Necropoli di porta Nocera. Graffiti figurati della Tomba 14 EN.

mo combattimento (egli infatti è 'tiro', titolo che definisce un gladiatore all'inizio della sua carriera) contro il gladiatore Neroniano *Hilarus*. Generalmente il munerario cercava di far scontrare due gladiatori di egual valore e che avevano combattuto un equivalente numero di incontri (CIL IV, 1024, 4870). In questo caso invece un esordiente è contrapposto ad un gladiatore imperiale che aveva al suo attivo quattordici combattimenti e dodici vittorie. Nonostante ciò *Hilarus* rimase sconfitto ad opera di questo pivello, motivo forse che suscitò l'ammirazione del disegnatore pompeiano. L'ultimo scontro presenta di nuovo il gladiatore *Marcus Attilius*, opposto ad un nuovo rivale, Recio Felice, anche lui sconfitto da questa giovane rivelazione dell'arena.

Un particolare interesse rivestono quei graffiti nei quali accanto al nome dei gladiatori viene segnato l'esito relativo all'incontro: la lettera V indica la vittoria (*vicit*); M sta per *missus*, ossia ha perso ma è stato graziato; P indica invece la morte (*perit*) (figg. 41-43). Questi documenti sono utili per prospettare una sorta di statistica, che sembra smentire quanto generalmente ritenuto sull'esito di questi combattimenti. Dai resoconti dei *munera* pompeiani risulta che in quasi tutti i combattimenti il vinto viene graziato (*missus est*). In base a questi dati è stato calcolato che su un totale di trentadue combattimenti abbiano perso la vita sei gladiatori, e che in un caso un gladiatore sia morto dopo essere stato graziato (*missus obiit*). È evidente che l'interesse dell'*editor muneris* e del lanista non era quello di far morire i gladiatori, il cui allenamento costava tempo e danaro. A conferma di ciò è anche il numero dei combattimenti che ogni singolo gladiatore aveva sostenuto, anch'essi riportati minuziosamente nei documenti pompeiani, e che talvolta si attesta o supera le settanta pugne.

In alcuni graffiti con gladiatori è possibile riconoscere una mano infantile. Molti ragazzini saranno stati affascinati da questi spettacoli e avranno giocato 'ai gladiatori', impersonando i loro eroi preferiti. Nei graffiti con gladiatori, poi, una particolare attenzione è riservata alle armi, il che ha consentito di riconoscere le classi più rappresentate: reziari, essedari, mirmilloni, equites, oplomachi e soprattutto traci, i più raffigurati e dunque i più amati dal popolo. La particolare ammirazione suscitata da questa categoria di gladiatori era diffusa anche fuori Pompei, e coinvolse finanche alcuni imperatori (Svetonio, *Cal.*, 54; *Tito*, 8). L'armatura del trace, poi, era particolarmente elegante, il che avrà giocato un ruolo non indifferente nell'accattivarsi il favore del pubblico, soprattutto quello femminile. Non a caso *Celadus*, il 'sospiro delle fanciulle' era un *thraex*. Bellezza fisica e abilità tecnica facevano del trace un sexy simbol. Su alcuni vasi si trovano raffigurati su un lato gladiatori traci e sull'altro una scena erotica, e su alcuni dischi di lucerne con scene di sesso la partner femminile 'veste' le armi del trace.

I Luoghi

Anfiteatro (II 6)

L'anfiteatro di Pompei è il più antico edificio per spettacoli giunto in buone condizioni fino a noi. La sua costruzione si deve alla generosità dei duoviri quinquennali *C. Quinctius Valgus* e *Marcus Porcius*, due rappresentati della ricca classe dirigente pompeiana, che fecero costruire a proprie spese l'edificio intorno al 70 a.C. Indizio dell'antichità del monumento è anche il fatto che nell'iscrizione dedicatoria, per designarlo viene usato il termine *spectacula*, perché la parola anfiteatro verrà usata solo più tardi.

L'anfiteatro di Pompei fu costruito nella zona a sud-est della città, in parte sfruttando il terrapieno a ridosso delle mura di fortificazione (fig. 44). Per i lati settentrionale ed occidentale invece, fu realizzato un terrapieno artificiale formato dal terreno di svuotamento dell'arena e della parte inferiore della cavea. Esternamente presenta la parte inferiore caratterizzata da una serie di archi ciechi, ed una superiore caratterizzata anch'essa da una serie di archi, ma in numero inferiore e di minore altezza. Per raggiungere l'ambulacro superiore si costruirono due gradinate a doppio rampante, sui lati ovest e nord-ovest, mentre altre due scale ad un'unica rampa furono realizzate a nord e a sud.

L'arena (m. 66,80 X 34,50) era delimitata da un parapetto alto m. 2,18, originariamente arricchito da una decorazione di cui si dirà più avanti

44. Pompei, Anfiteatro, esterno.

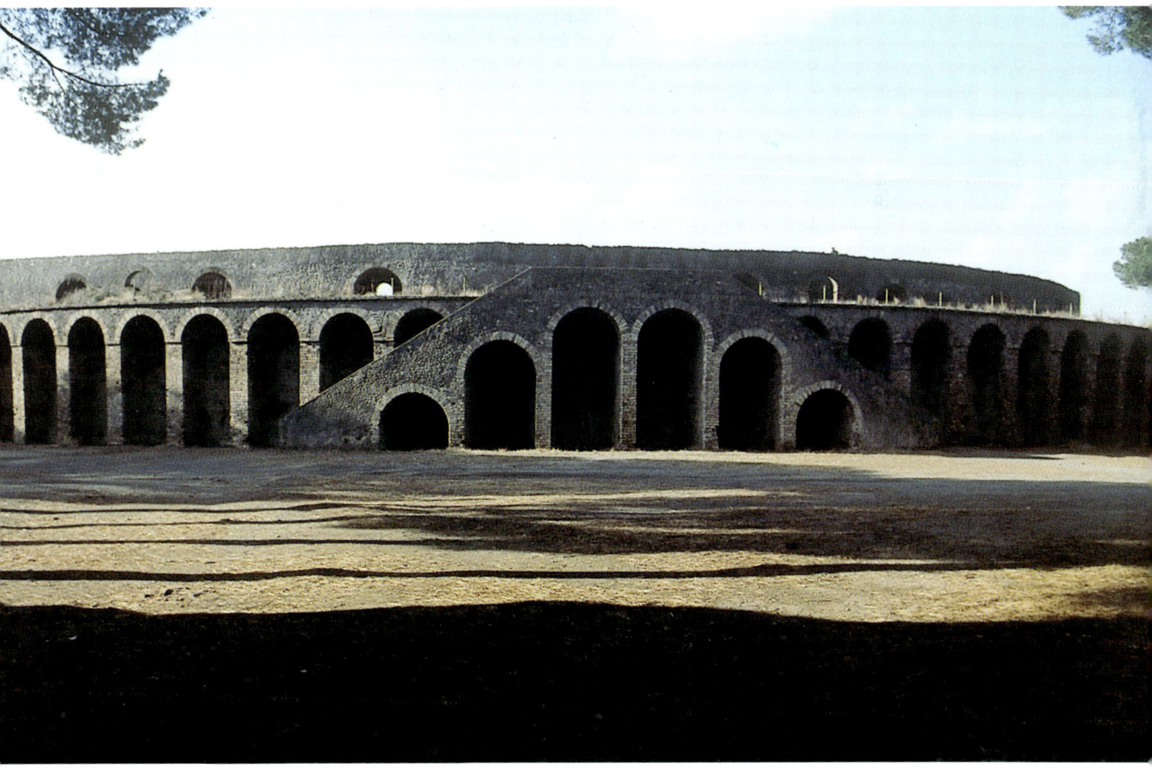

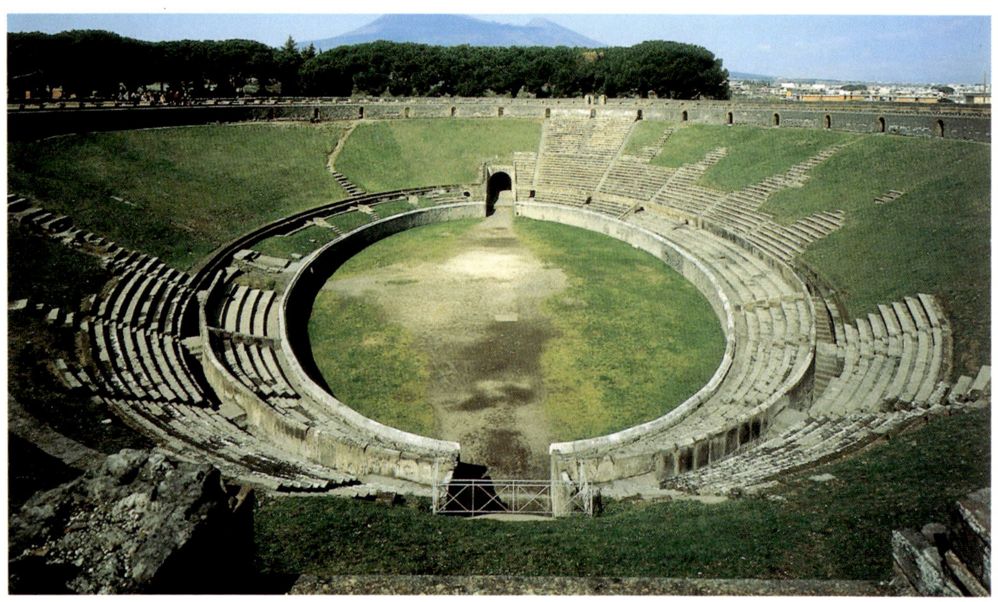

45. Pompei, Anfiteatro, interno.

(fig. 45). Si raggiungeva l'arena tramite due gallerie voltate (fig. 46,1 A e B), pavimentate con basoli per consentire l'accesso ai carri che trasportavano le attrezzature necessarie allo svolgimento dello spettacolo. Ciascuna galleria scendeva in forte pendenza per recuperare un dislivello di circa m. 4,50 fra il piano esterno e quello dell'arena. Una terza galleria, molto stretta si trova ad ovest del lato corto dell'ellisse (fig. 46,1 C). Si tratta di una galleria di servizio che collega l'arena con l'esterno. Fu avanzata l'ipotesi che questa fosse la strada attraverso la quale si portavano fuori i cadaveri dei gladiatori periti nei combattimenti, e che il piccolo ambiente posto all'estremità del corridoio (fig. 46,1 d) fosse lo *spoliarium*, cioè il luogo ove venivano prestate le prime cure ai feriti o deposti i gladiatori uccisi, ma in realtà non c'è nessuna conferma di ciò. Altri studiosi hanno invece ipotizzato che questo corridoio, tramite il quale si accedeva anche all'*ima cavea*, fosse adoperato dai magistrati che potevano più comodamente e senza mischiarsi alla folla, raggiungere i loro posti riservati. Un'altra ipotesi è che si trattasse del passaggio attraverso cui i gladiatori vittoriosi salivano a ricevere le ricompense. L'anfiteatro di Pompei non possiede sotterranei ma quattro ambienti disposti in modo simmetrico alle estremità di entrambi i due corridoi di accesso (fig. 46, 1 c,c) erano destinati ad accogliere i gladiatori e gli animali. Due passaggi minori sul lato occidentale (fig. 46, 1 H, I) conducono ad una galleria, denominata dagli studiosi *crypta* (f) che corre sotto i sedili più bassi della *media cavea* (fig. 46, 3). La galleria ha sia la funzione di contenere le spinte del terrapieno, sia quella di permettere un ordinato afflusso ai posti a sedere: gli spettatori erano indotti ad accedere attraverso tutte le entrate disponibili, e a non accalcarsi verso un unico varco. La cripta è raggiungibile anche tramite i due corridoio principali che conducono all'arena. Tutti i passaggi e la *crypta* furono consolidati con archi in mattoni.

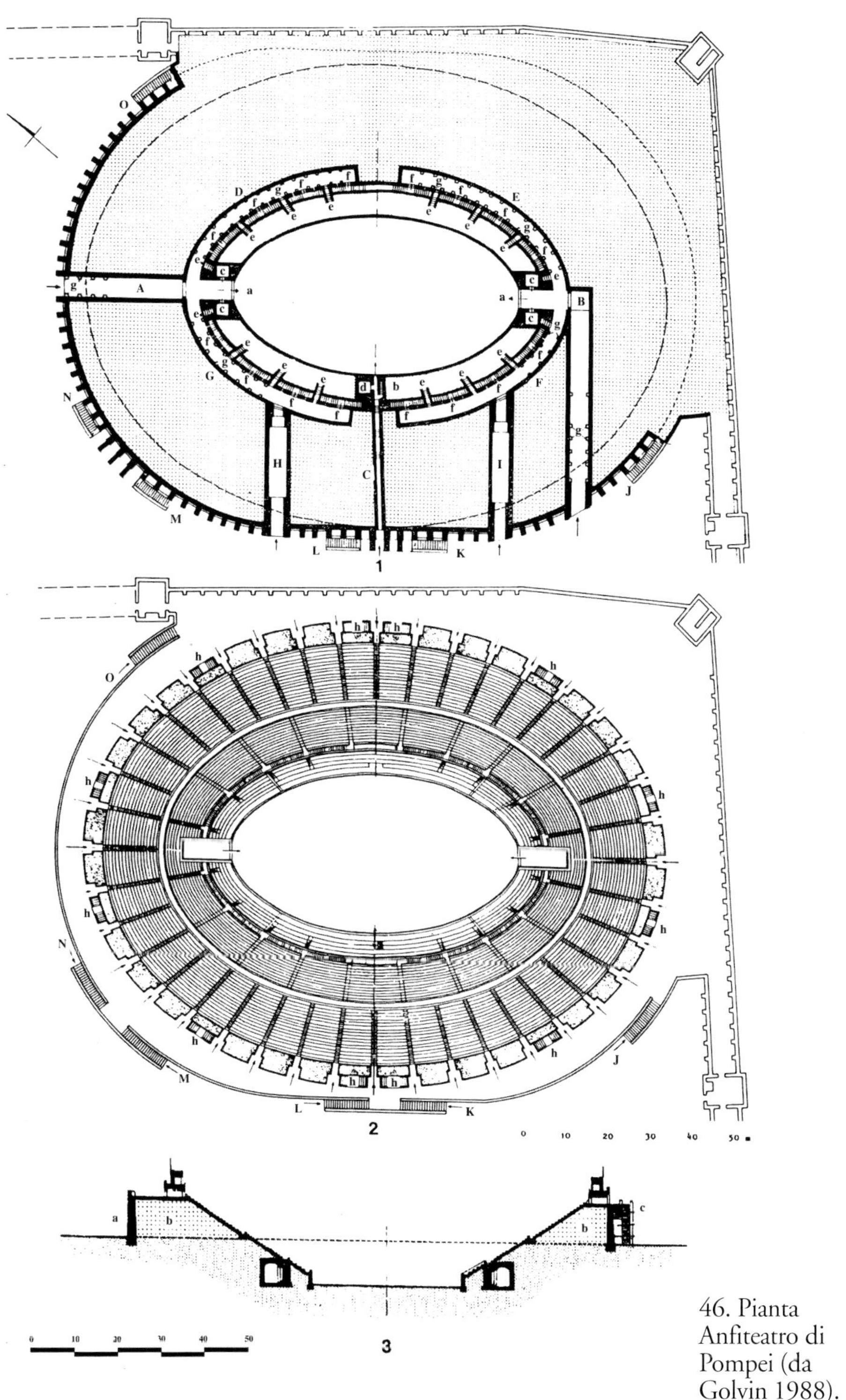

46. Pianta Anfiteatro di Pompei (da Golvin 1988).

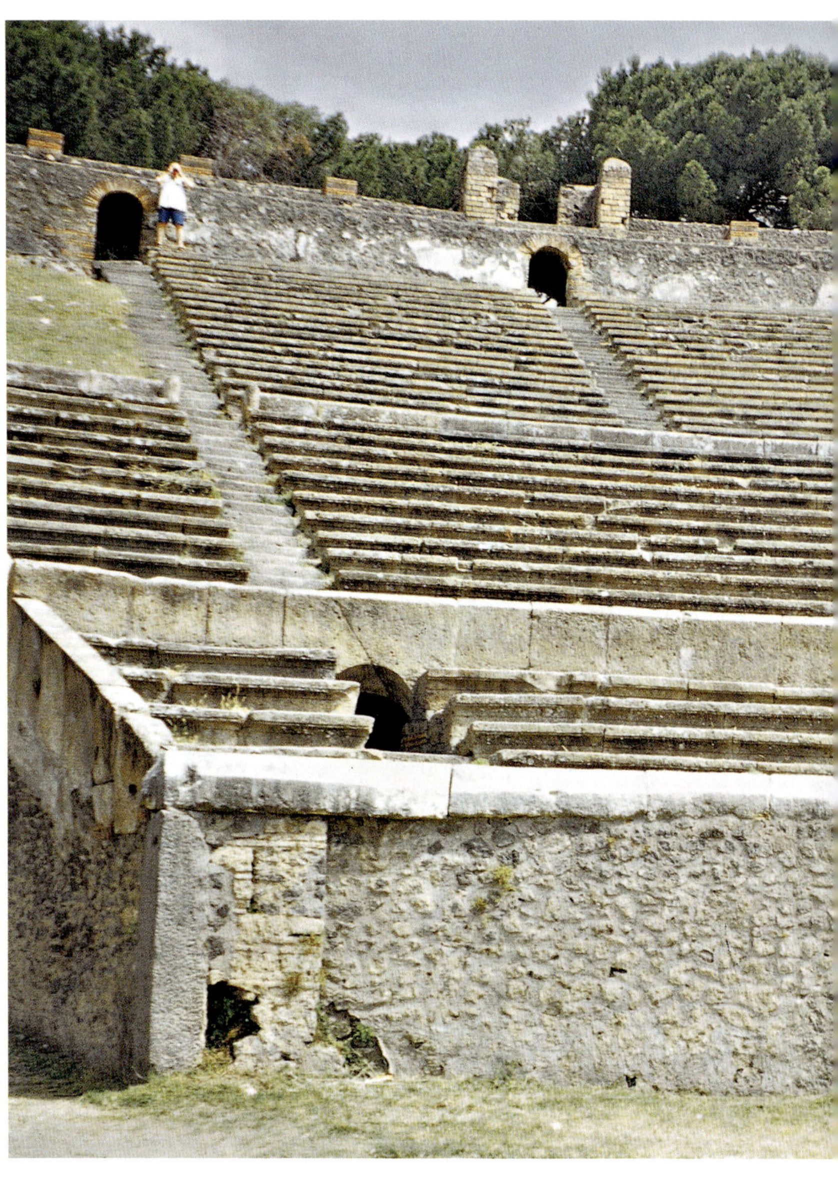

47. Anfiteatro di Pompei, interno, particolare delle precinzioni e dei cunei.

Questi importanti lavori di restauro furono realizzati dai magistrati *Cuspius Pansa* e da suo figlio, dopo il terremoto del 62. La cavea è divisa orizzontalmente in tre parti separate da due balaustre in blocchi di tufo (*praecinctiones*) (fig. 46, 2). Nella parte più bassa (*ima cavea*) vi sono quattro gradinate larghe e piatte per poter disporre sedili in legno asportabili (*bisellia* o *subsellia*) dove prendevano posto le autorità cittadine a cui questi posti erano riservati. L'*ima cavea* è separata dal resto dell'anfiteatro da una balaustra continua alta circa m. 0, 80 che impediva qualsiasi rapporto tra gli questi spettatori e gli altri (fig. 47). La parte mediana (*media cavea*) e quella superiore (*summa cavea*)

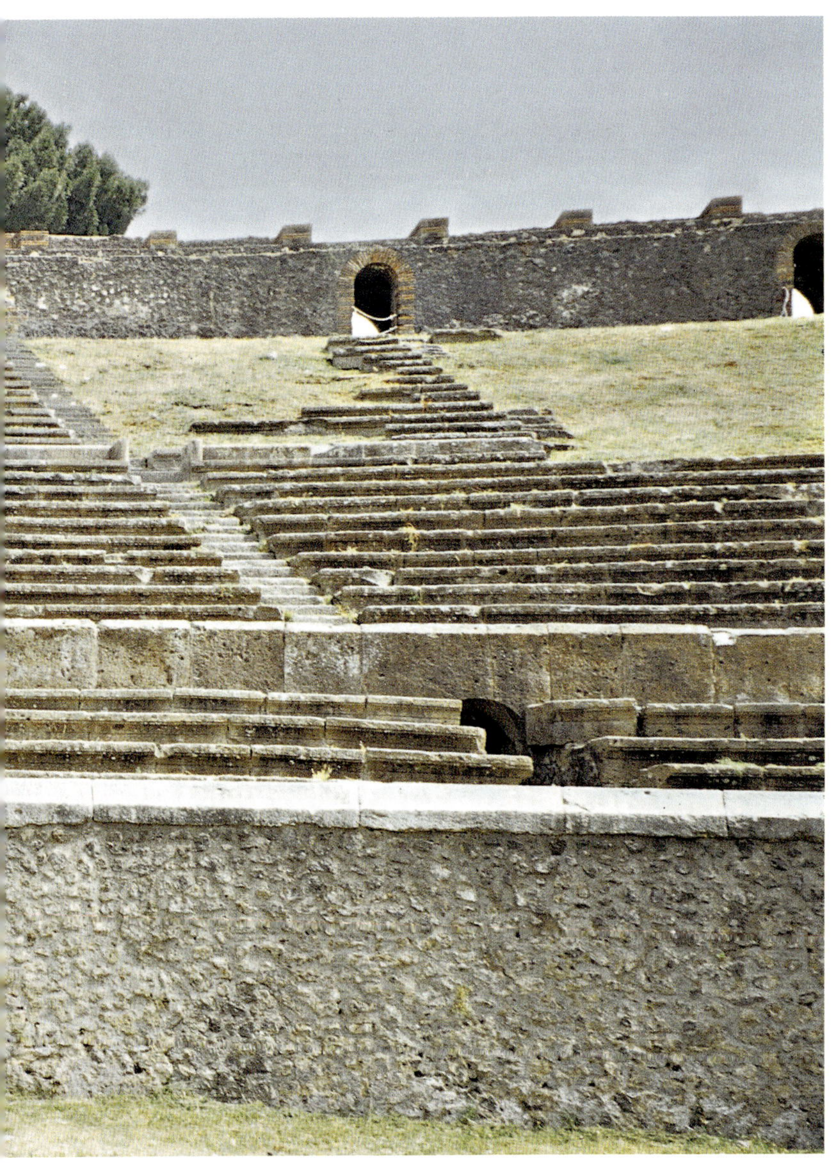

oltre ad essere divise tra loro da una balaustra, presentano delle divisioni radiali (*cunei*) (figg. 46, 2; 47), delimitate da piccole scale (*scalaria*) raggiungibili attraverso una serie di passaggi. In questo modo la folla accedeva facilmente al proprio posto, servendosi delle scalette di distribuzione. I sedili non erano tutti in tufo; dove attualmente è il manto erboso erano probabilmente in legno. I sedili non vennero realizzati contemporaneamente, ma per singoli settori, come rivelano delle iscrizioni che menzionano i magistrati di un quartiere fuori Pompei *Pagus Augustus Felix Suburbanus*, che fecero costruire i cunei della cavea con il denaro riservato ai giochi e alle luminarie (CIL X,

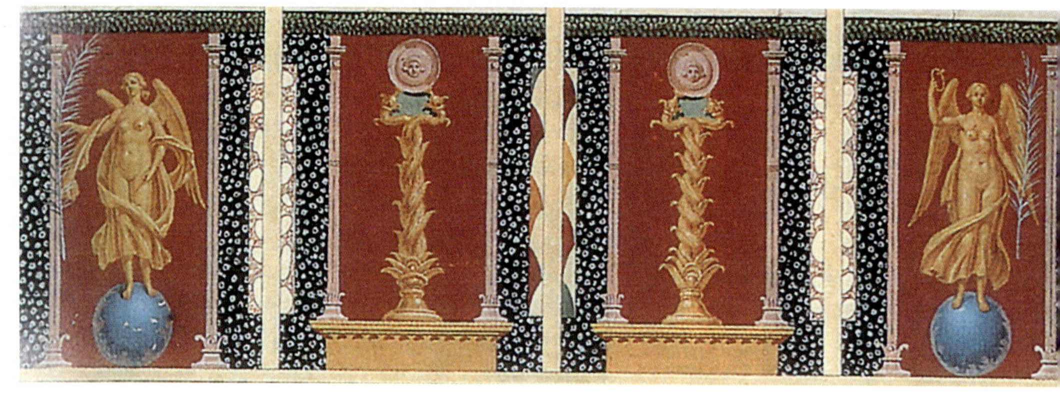

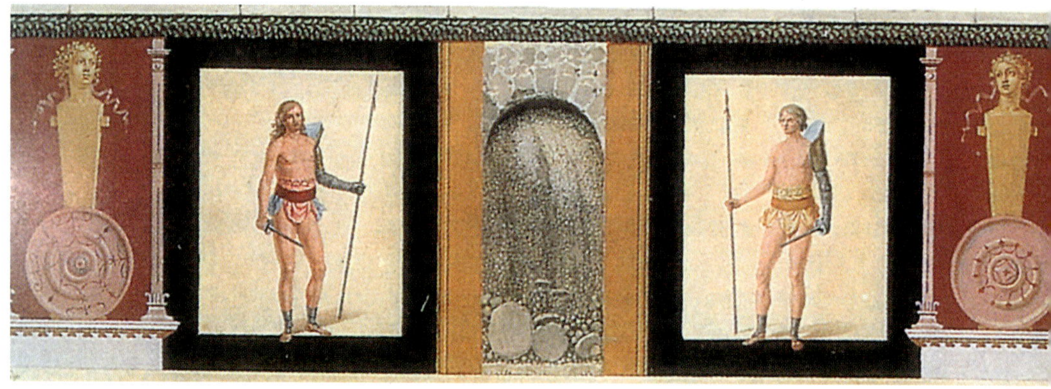

48. Tempere che riproducono la decorazione del podio dell'anfiteatro pompeiano (ADS 88).

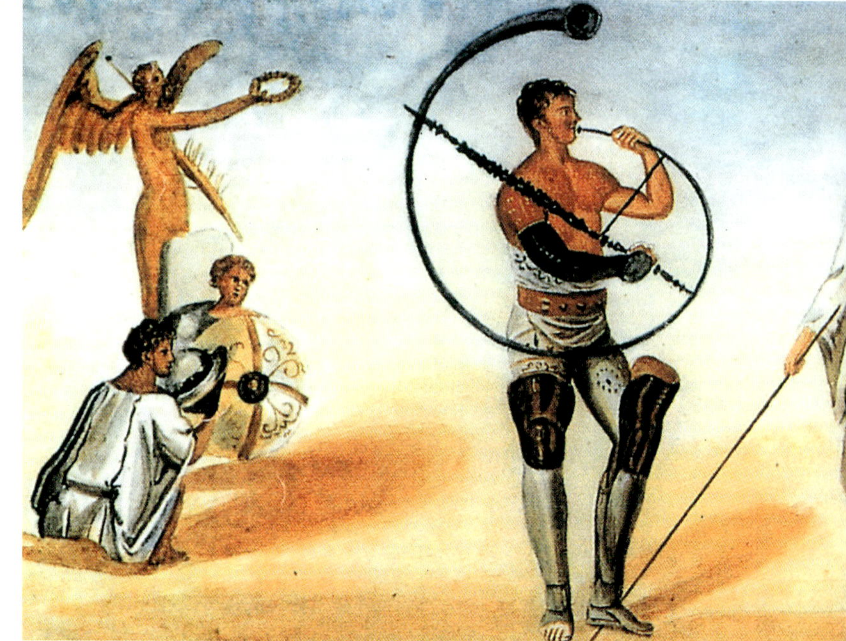

49. Riproduzione degli affreschi dell'anfiteatro (ADS 79).

853-857 c). I gradini in tufo presentano la parte anteriore più alta e quella posteriore più bassa, in modo da permettere allo spettatore di poggiare i piedi senza recare disturbo a chi era seduto davanti. Nella parte superiore dell'anfiteatro prendevano posto le donne, che, secondo una disposizione di Augusto, assistevano ai giochi separate dagli uomini (cfr. cap. I pag. 33).
In totale l'Anfiteatro pompeiano aveva una capienza di 20.000 posti. Questo dato non deve trarre in inganno circa la popolazione della città, che si calcola fosse intorno ai 10.000 abitanti. Infatti molti erano gli spettatori che provenivano dalle città vicine, come dimostrano sia gli annunci di spettacoli di altre città ritrovate a Pompei, sia il famoso episodio della rissa, che attesta una forte presenza di Nocerini allo spettacolo offerto da *Livineius Regulus*.
Come si è accennato, il muro del podio dell'arena presentava una vivace decorazione ancora ben visibile nel 1815, quando lo scavo dell'Anfiteatro era ancora in corso. Ma già a pochi mesi dal loro ritrovamento le pitture si erano rapidamente deteriorate. A distruggerle del tutto furono le gelate che nei primi mesi dell'anno 1816, fecero crollare gli intonaci non protetti. Prima di quella data fortunatamente erano stati eseguiti dei disegni da Francesco Morelli che costituiscono l'unica testimonianza dell'importante ciclo pittorico. Le figurazioni avevano un preciso nesso tematico con il monumento al quale erano destinate: accanto a pannelli a finto marmo o a squame, alternati a scomparti con candelabri, erano rappresentate Vittorie con rami di palma e corone e scudi di varia foggia (figg. 48, 50, 51). Nei pannelli più larghi trovavano posto scene di cacce tra animali e pannelli con gladiatori. Un disegno (fig. 48) mostra due gladiatori posti ognuno al lato di una porta. Entrambi indossano il *subligaculum*, hanno in una mano il gladio e nell'altra una lancia, e portano il *galerus* al braccio sini-

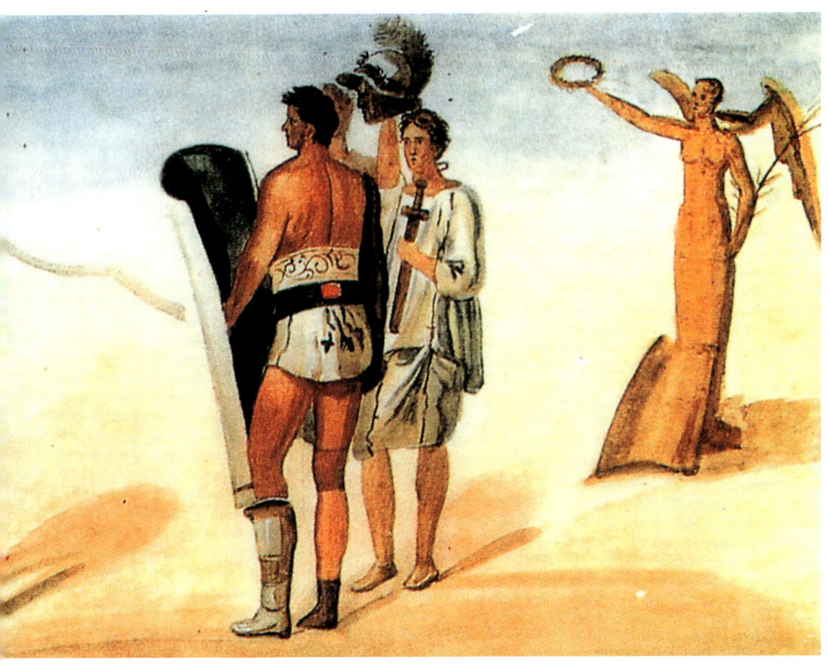

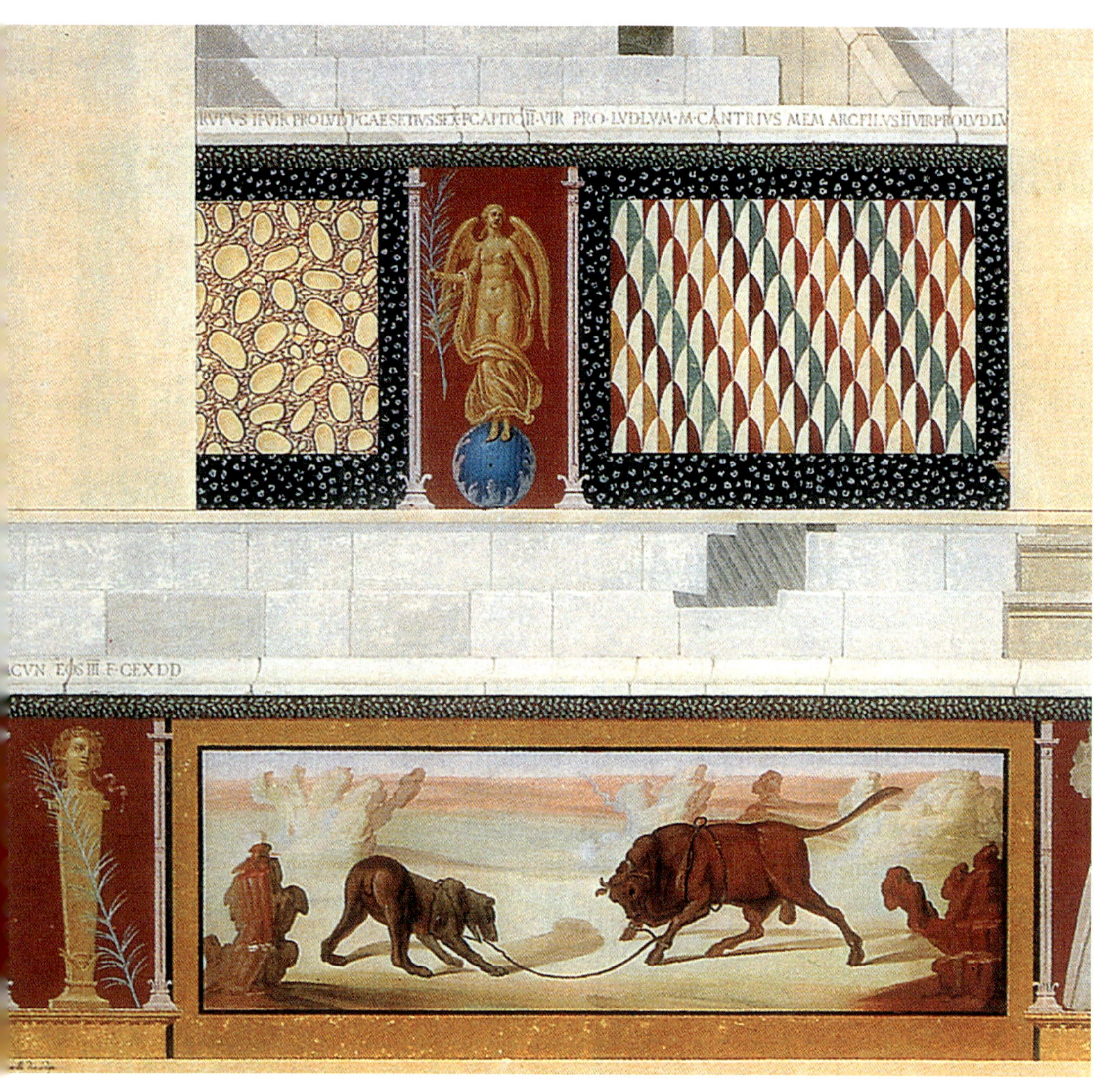

50. Affreschi del podio dell'anfiteatro di Pompei (ADS 84).

stro, terminante sopra la spalla. Probabilmente la porticina ai lati della quale sono disposte le figure non è un'invenzione del disegnatore, ma una porta reale, forse quella di accesso alla tribuna in cui prendevano posto le autorità. Un altro disegno di Morelli (fig. 49), ci mostra l'inizio di un combattimento. E' visibile un gladiatore con alti gambali (*ocreae*) e perizoma bianco (*subligaculum*) che suona un corno, accanto a lui è forse un arbitro, riconoscibile dalla tunica bianca e da una lunga bacchetta. A destra è un altro gladiatore munito di un lungo scudo rettangolare, un secondo gladiatore in parte coperto da quello in primo piano, regge un elmo piumato nella mano elevata; accanto è un assistente con una spada nelle mani. Alle due estremità sono delle Vittorie con ramo di palma e corona. Davanti ad una delle due si vedono due inservienti chini a terra con scudo ed elmo nel-

le mani. I disegni del Morelli riproducono anche combattimenti di animali: un orso ed un toro legati insieme da una corda (fig. 50), allo scopo di aizzarli maggiormente (Seneca, *De Ira*, III, 43, 2); una leonessa che insegue un cavallo; un cinghiale incalzato da una pantera; un leone che insegue un cervo (fig. 51). Tutte le scene sono ambientate in paesaggi rocciosi che probabilmente alludono alle scenografie che venivano utilizzate per tali spettacoli. La raffigurazione di leoni e tigri sul podio dell'Anfiteatro di Pompei non implica che questi animali fossero mai stati realmente esibiti nell'arena. Anzi tutto indurrebbe a credere il contrario. In primo luogo nelle iscrizioni che annunciano i *munera* non viene fatta menzione di tali animali, in secondo luogo l'Anfiteatro di Pompei non sembra aver avuto quegli accorgimenti tecnici indispensabili per l'esibizione di grossi felini. Il parapetto di protezione dell'arena era alto solo m. 2,18, troppo pochi per potere contenere lo slancio delle belve, almeno che non fossero state aggiunte delle reti di protezione, come accertato per altri anfiteatri. Ma per Pompei non ci sono tracce di tali accorgimenti. E' dunque probabile che nelle *venationes* pompeiane fossero esibiti solo animali che non erano in grado di spiccare salti fin sulla cavea e dar luogo a spiacevoli spettacoli 'fuori programma'.
Le raffigurazioni sul muro del podio dovrebbero risalire agli ultimi an-

51. Affreschi del podio dell'anfiteatro di Pompei (Morelli ADS 87).

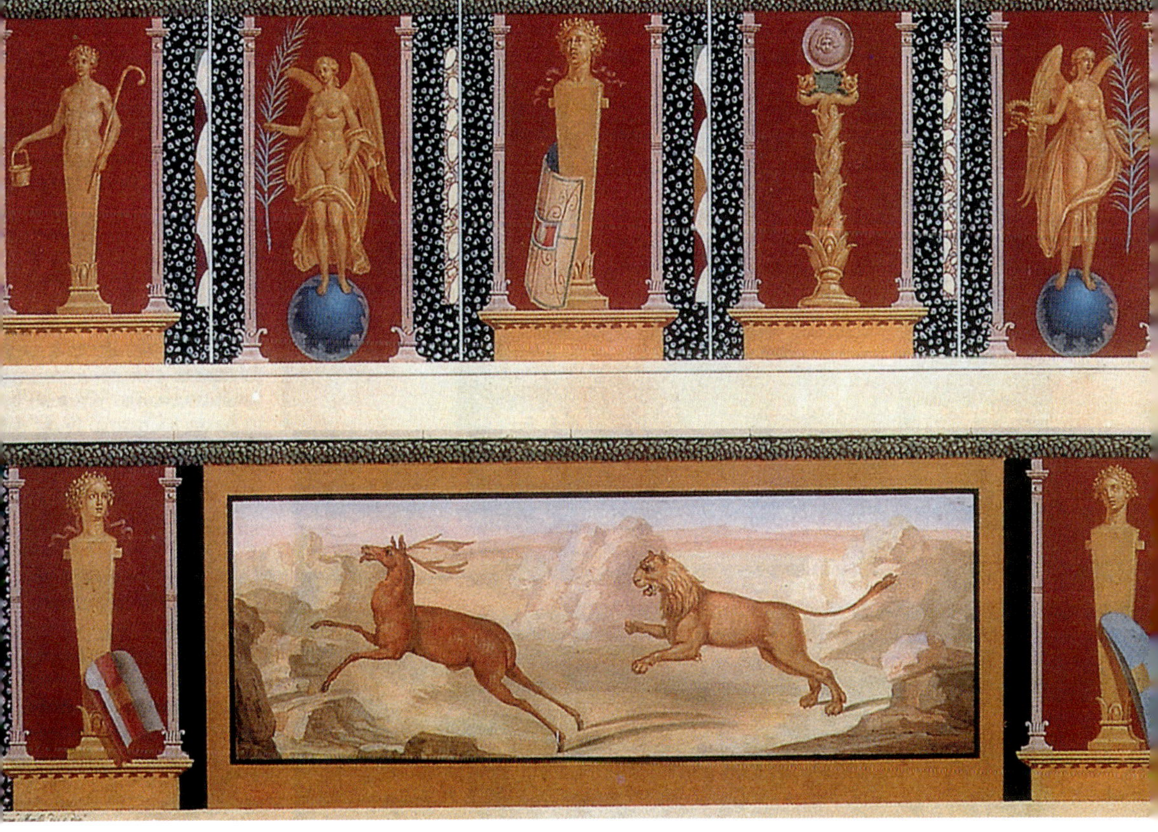

ni di vita della città. Infatti nel famoso affresco che riproduce in modo fedele l'Anfiteatro durante la rissa fra Pompeiani e Nocerini, la decorazione del podio è a finto marmo, secondo un uso attestato in altri anfiteatri (fig. 58). Dunque la decorazione più sopra descritta potrebbe risalire alla fase di ristrutturazione seguita al terremoto del 62, e alla riapertura dell'anfiteatro prima dei dieci anni stabiliti dalla squalifica.
Gli spettatori che sedevano nell'Anfiteatro dall'alba al tramonto avevano naturalmente una serie di necessità da soddisfare, come quella di mangiare. Poiché non vi era interruzione dello spettacolo le persone dovevano procurarsi il cibo o nell'Anfiteatro stesso, ma più probabilmen-

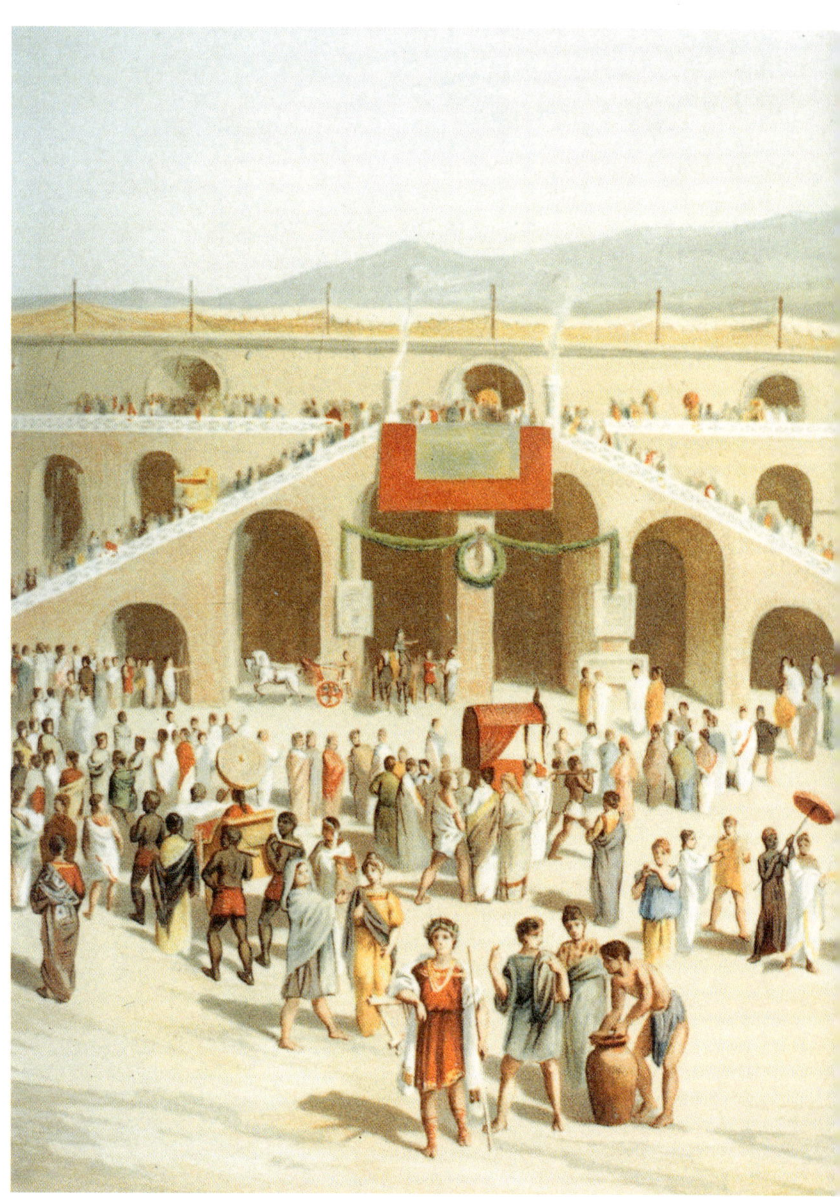

te nelle botteghe o sulle bancarelle vicine. Sotto le arcate cieche dell'Anfiteatro di Pompei prendevano posto venditori ambulanti, autorizzati dagli edili, come risulta da alcune iscrizioni, oggi non più visibili (CIL IV 1096; 1130). Qualche volta veniva indicata semplicemente l'ora in cui il posto sarebbe stato occupato, per evitare che altri lo richiedessero. Anche nel famoso affresco riproducente la rissa del 59 (fig. 58) sono raffigurati i venditori ambulanti di cibi e bevande con i loro banchetti sistemati fra gli alberi (fig. 52). L'esistenza di grandi platani nel piazzale dell'anfiteatro è confermata dallo scavo e dalla realizzazione di calchi delle antiche radici degli alberi.

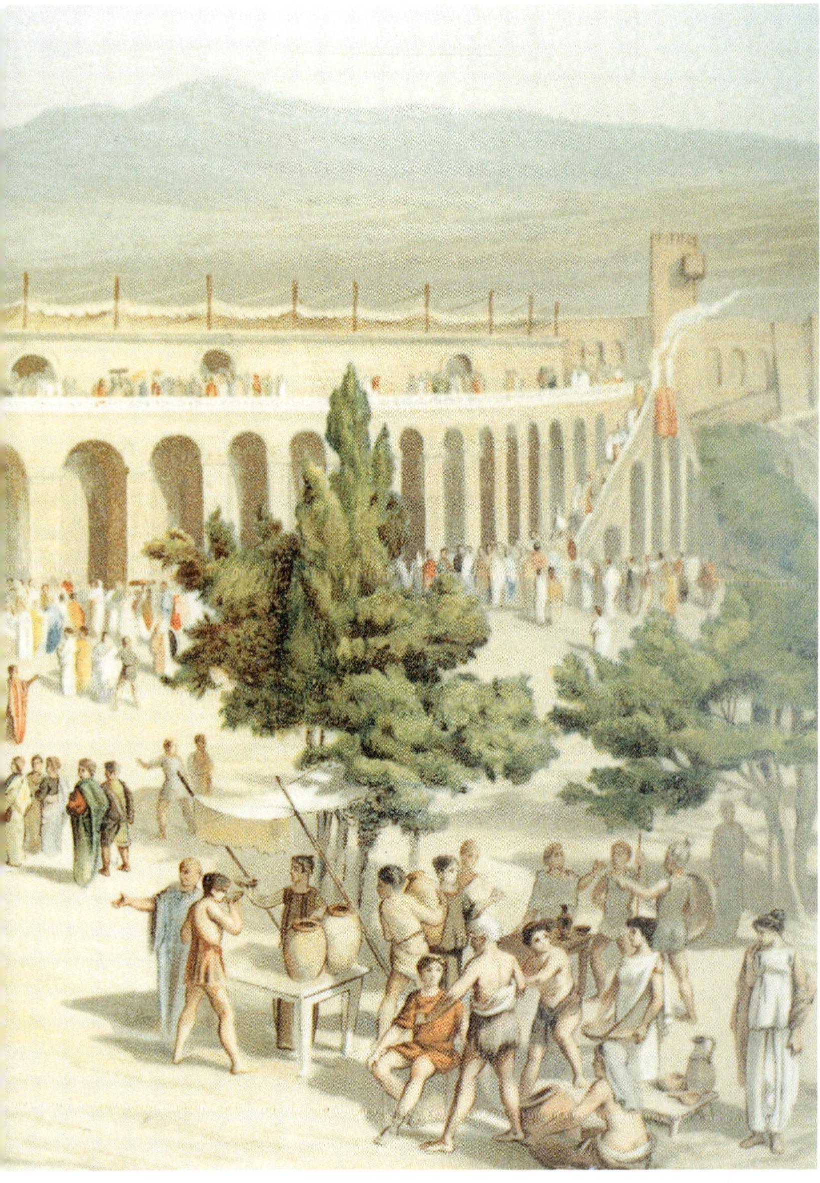

52. Ricostruzione di un giorno di spettacolo nell'Anfiteatro di Pompei (da Niccolini).

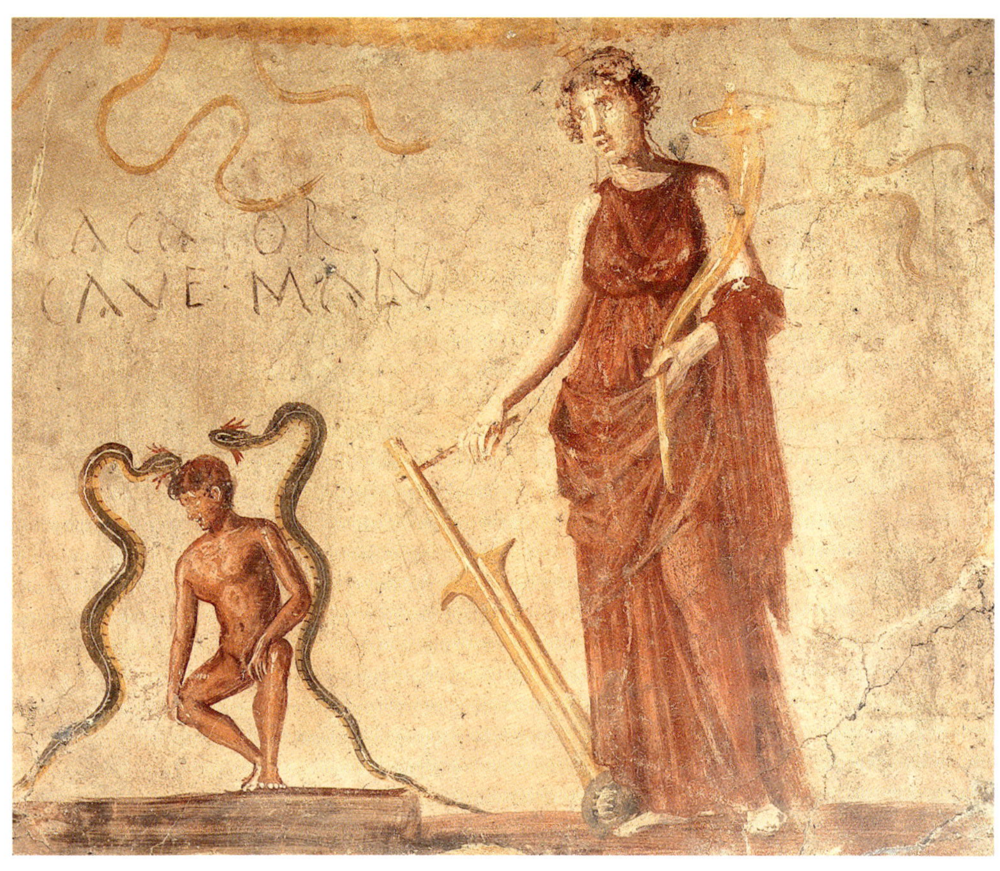

53. Napoli, Museo Archeologico Nazionale (inv. 112285). Affresco raffigurante una Fortuna con accanto un uomo in atto di defecare. La scritta che lo sovrasta 'cacator cave malum' suona come un'ammonizione a non usare luoghi diversi da quelli deputati per soddisfare certe esigenze fisiologiche (I sec. d.C.).

Un'altra necessità per gli spettatori dei giochi era quella di servizi igienici. Nell'anfiteatro di Pompei non è stato trovato nessun servizio di toilettes, ma nella vicina Palestra – che fungeva forse da *porticus post scaenam* vista la presenza dei numerosi graffiti gladiatori ritrovati - esisteva una latrina pubblica che sarà servita allo scopo. Non sarà mancato qualche incivile che avrà cercato un posto più vicino. Contro questi maleducati esistono a Pompei numerosi 'divieti', anche figurati, come quello proveniente dalla caupona IX 7, 22, con l'iscrizione *Cacator cave malum* che sovrasta l'uomo in atto di defecare, destinata ad ammonire quanti avessero deciso di utilizzare un luogo diverso dalla latrina per soddisfare i propri bisogni fisiologici (fig. 53).

Benchè negli *edicta* pompeiani si faccia spesso riferimento all'uso di vaporizzazioni di acqua profumata (*sparsiones*) durante gli spettacoli, nell'Anfiteatro non è stato trovato alcun macchinario o attrezzatura atto a poter realizzare questo *comfort*. Alcuni studiosi hanno pensato che questi spruzzi fossero realizzati manualmente, ed altri hanno ipotizzato che per *sparsiones* non debba intendersi la consueta diffusione di acqua profumata, bensì la distribuzione di altri beni, quali frutta, monete etc. Esisteva invece il *velarium*, spesso menzionato negli *edicta*, e ben visibile nella pittura che raffigura l'anfiteatro pompeiano durante la rissa del 59 (fig. 58). Resti del sistema di ancoraggio del velario si conservano sulla sommità del muro di facciata posteriore. Lì vi sono i resti di mensole in pietra, forate al centro, in cui erano infissi i pali lignei che servivano da supporto al velario.

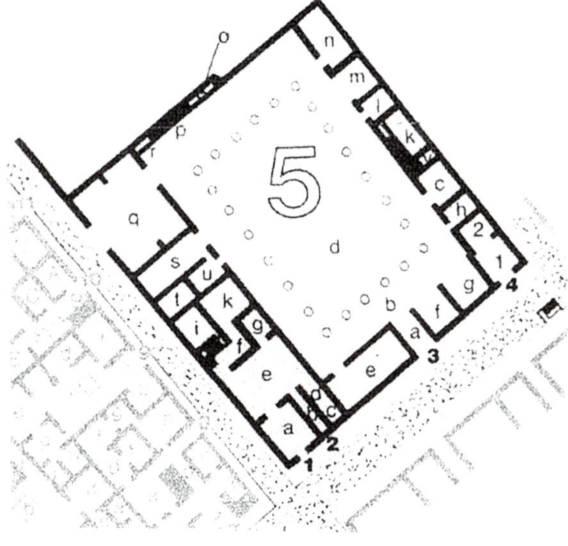

54 a. Pianta della Caserma dei gladiatori (V 5, 3).

La caserma dei gladiatori (V 5, 3)

Pompei doveva avere fin dalla prima età imperiale un *Ludus*, un luogo cioè dove i gladiatori vivevano e si allenavano. Questo luogo è da collocarsi nella Regio V 5, 3. Qui, nel 1899, fu completamente riportata alla luce una casa dall'aspetto alquanto singolare: non presentava il consueto atrio, ma un grande peristilio cinto da un portico intorno al quale si disponeva una serie di ambienti (fig. 54a). Un pluteo decorato con scene di caccia, congiunge le colonne del portico (fig. 54b).

Sorta come abitazione già nel I secolo a.C., come attestano resti di decorazione in II stile, tra l'età augustea e quella claudia venne trasformata per accoglierví le *familiae gladiatoriae.* Sulle colonne del peristilio vennero scoperti un centinaio di graffiti di gladiatori; in particolare la testimonianza più esplicita è data dalla iscrizione: *Samus... m(urmillo) idem eq(ues) hic hab(itat)* (CIL, IV 4420). Questo graffito rivela che il gladiatore *Samus*, il cui nome ricorre altre tre volte, abitò in questa casa. Insieme a lui, è stato calcolato che vives-

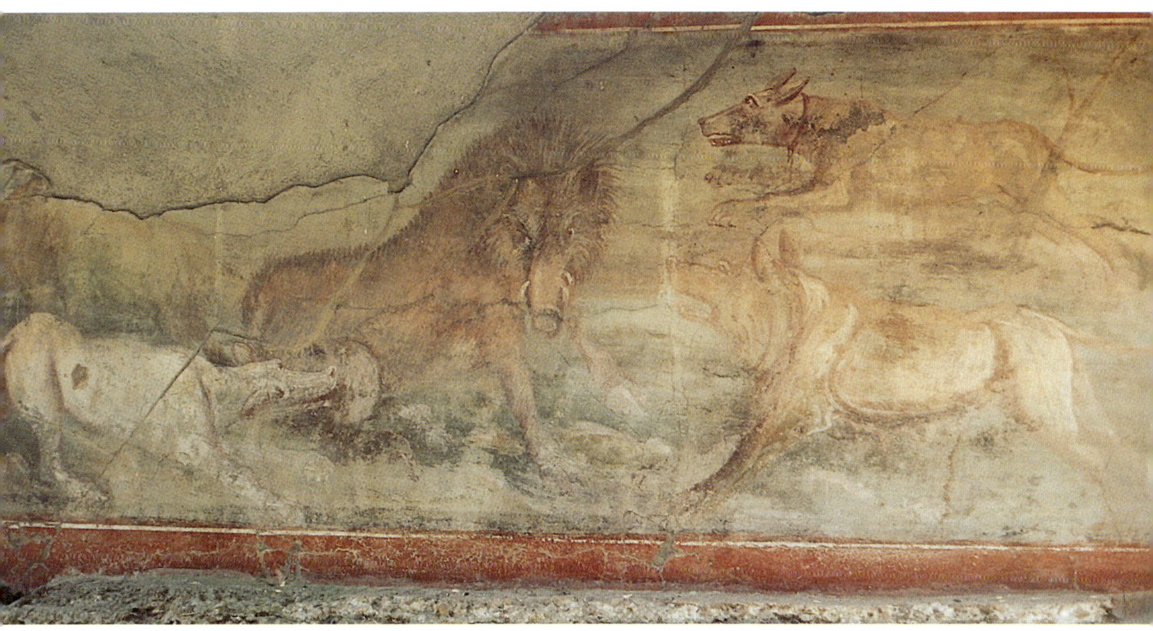

54 b. Caserma dei gladiatori (V 5, 3). Scene di caccia sul pluteo che congiunge le colonne del portico (I sec. d.C.).

sero fra i quindici e i venti uomini, fra cui c'erano anche liberi e liberti. I graffiti ci restituiscono i loro nomi e l'arma a cui appartenevano: essedari, traci, murmilloni, retiari, ed equites. Talora è ricordato anche il nome del padrone a cui appartenevano (*Mesonii*, *Clodii*, *Octavii* etc.), i combattimenti sostenuti e le vittorie riportate. Non mancano forme di autocelebrazione come quelle già ricordate del trace *Celadus* e del reziario *Crescens*. L'analisi archeologica e quella paleografica dei graffiti confermano una datazione tra l'età augustea e il 62 d.C. Lo spostamento dei gladiatori nel più grande quadriportico dei Teatri può essere stato causato dai danni subiti dall'abitazione in seguito al terremoto del 62, ma anche dal sempre crescente numero di gladiatori impegnati nei giochi in età neroniana, che avrà richiesto un edificio più capiente.

Quadriportico del Teatro (Ludo gladiatorio) (VIII 7, 16)

Fra il 1766 e il 1769 fu effettuato lo scavo del quadriportico alle spalle del Teatro (fig. 40). Si tratta di un'ampia area quadrangolare circondata da portici, realizzata alla fine del II secolo a.C. in funzione del Teatro, affinché gli spettatori vi si potessero trattenere e passeggiare durante gli intervalli degli spettacoli, spesso molto lunghi (fig. 55). L'entrata principale è presso l'angolo nord-est ed era raggiungibile passando per il corridoio di separazione tra il Teatro e l'*Odeion*. Il luogo era frequentabile anche nei giorni in cui non c'erano rappresentazioni, tramite un passaggio (2) che conduce direttamente sulla via Stabiana. Nel lato nord-ovest è una scalinata che collega il Quadriportico con l'area del Tempio Dorico. Dopo il terremoto del 62, l'edificio cambiò destinazione, e fu trasformato in Ludo Gladiatorio. In questa occasione vennero realizzati i vani per l'alloggio dei gladiatori. Si tratta di ambienti angusti (10- 15 mq. circa), disposti su due piani con ballatoio ligneo, in cui alloggiavano due o tre uomini. Le stanze non erano intercomunicanti e sembra che fossero prive di letto, probabilmente i gladiatori dormivano su paglericci. C'erano poi delle stanze di uso comune: la cucina (12), con annessi magazzini (10-11), e una sala da pranzo (16)); in corrispondenza di questi ambienti non esisteva un secondo piano. Su questo stesso lato fu scoperta anche una prigione. Vi furono trovati ceppi in ferro disposti in modo tale che i prigionieri non potessero stare in piedi, ma solo piegati o sdraiati. Nella prigione furono trovati gli scheletri di quattro uomini, i quali però non erano legati ai ceppi. Esisteva anche un appartamento probabilmente per l'istruttore dei gladiatori, posto al secondo piano del lato orientale, vicino alla sala da pranzo e la cucina. L'ambiente 18, accanto alla scala che conduce al Foro Triangolare, era adibita a scuderia, qui furono rinvenuti lo scheletro di un cavallo e di un uomo, forse lo stalliere. Al centro del lato sud, si trova una vasta sala (9) decorata con affreschi di IV stile: in fondo alla sala erano raffigurati Marte e Venere, e ai lati rappresentazioni di trofei con armi gladiatorie (fig. 55). L'area centrale scoperta era evidentemente destinata alle esercitazioni dei gladiatori (figg. 40, 55). Vi fu trovato anche un orologio solare che forse serviva a stabilire il tempo degli allenamenti.
Nel Ludo si rinvennero delle magnifiche armi gladiatorie (una quin-

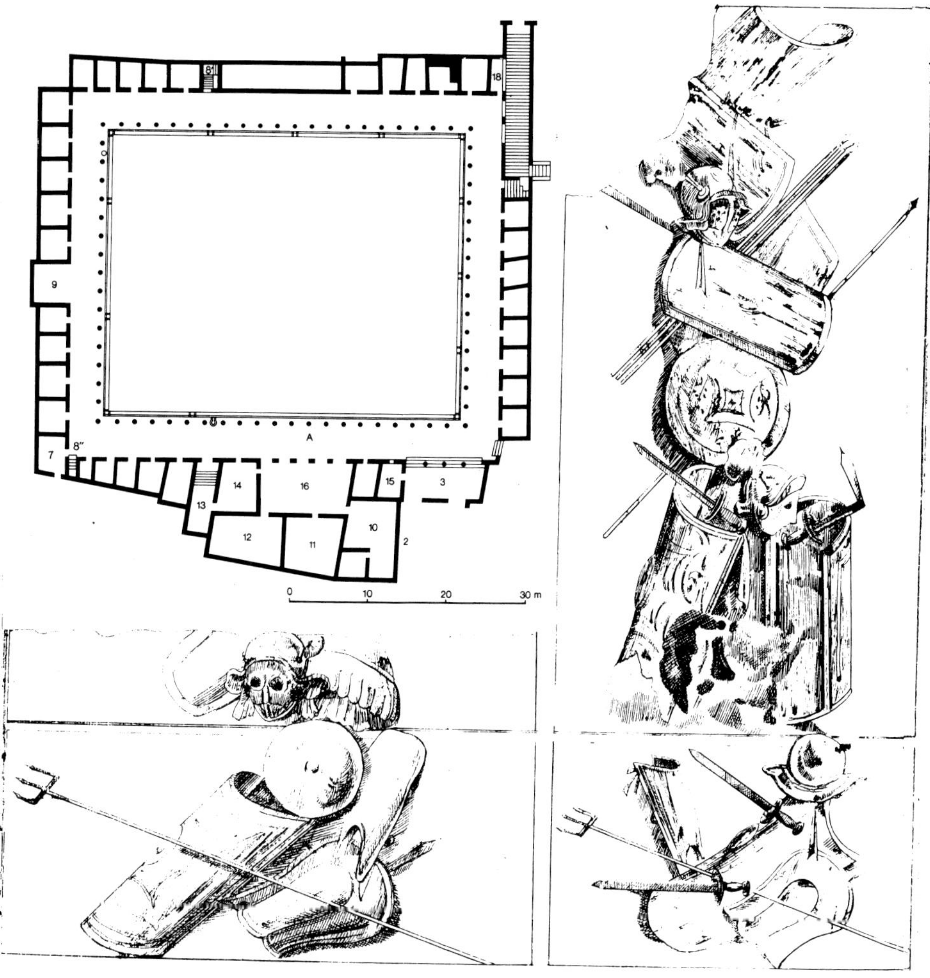

dicina di elmi e schinieri, resti di cinturoni in metallo riccamente decorati, tre galeri da reziario, uno scudo, alcuni pugnali e una lancia) (figg. 4, 6, 10, 11) e resti di due casse di legno contenenti frammenti di stoffe relativi ad abiti ricamati in oro, probabilmente costumi da parata dei gladiatori. Alcuni elmi (inv. 5638; 5650; 5657; 5640; 5674) e gambali (inv. 5665; 5666; 5667; 5668; 5664; 5675) recano stampati le iniziali: PMC o MCP; un' *ocrea* porta la sigla NER. AUG (inv. 5648), ed un'altra NER e MCP (inv. 5665). Secondo alcuni studiosi si tratterebbe delle iniziali dei lanisti che avevano affittate le armi insieme ai combattenti, ma non si può escludere che si tratti delle iniziali del fabbricante delle armi, mentre NER AUG o NER dimostra l'appartenenza delle armi a gladiatori Neroniani.

La presenza delle armi nel Ludo fa supporre che non si nutrisse nessuna paura di sedizioni come quella di Spartaco. Inoltre i gladiatori erano liberi di entrare ed uscire dalla caserma e di ricevere ospiti, come potrebbe forse dimostrare la presenza dello scheletro di una donna ingioiellata trovata in una delle celle; mentre il ritrovamento dello scheletro di

55. Pompei, pianta del Quadriportico dei Teatri e riproduzione di affreschi con trofei e armi gladiatorie.

un neonato potrebbe far supporre che alcuni gladiatori dimorassero nel Ludo insieme alle loro famiglie.
L'installazione di un *ludus* gladiatorio in un edificio pubblico ha suggerito l'idea che esso fosse di competenza della città. Non si tratterebbe dunque dell'acquartieramento di *familiae gladiatoriae* gestite da privati, ma organizzate dalla municipalità, come del resto è attestato anche in città come Este (CIL V 2529) e Preneste (CIL XIV, 3014).

Schola armaturarum (III 3, 6)

Questo importante edificio pubblico si apre con un ampio vano d'ingresso su via dell'Abbondanza. Fu costruito dopo il terremoto del 62, al posto di una precedente abitazione, di cui restano tracce sul lato nord. L'edificio fu ritenuto una sorta di collegio destinato alla *Juventus pompeiana* (gioventù pompeiana), ma più verosimilmente è stata avanzata l'ipotesi che qui si trovasse un deposito di armi di gladiatori. Sulla facciata dei due pilastri che fiancheggiano l'ingresso (fig. 56) sono dipinti due trofei: quello a sinistra mostra una serie di armi accatastate ai piedi di un tronco o appese ad esso. In basso è visibile una tunica ricamata con tritoni e grifi alati. Sopra di essa, al posto del capo, è un elmo e ai lati coppie di lance. Ai lati della tunica è una serie di scudi, e sulla sinistra una grossa ancora alludente forse a vittorie navali. In alto è visibile parte di un'altra tunica rossa. Sul pilastro a destra è visibile in basso un carro ricoperto in parte da una pelliccia di orso bianco. Intorno ad esso sono una serie di scudi e lance, mentre a destra è un grosso corno. Al di sopra è appena visibile parte di una tunica attaccata al fusto del trofeo. Queste decorazioni, molto diffuse nel mondo romano, avevano lo scopo di commemorare vittorie navali e terrestri, ed i trofei raffigurati a Pompei, sono stati rite-

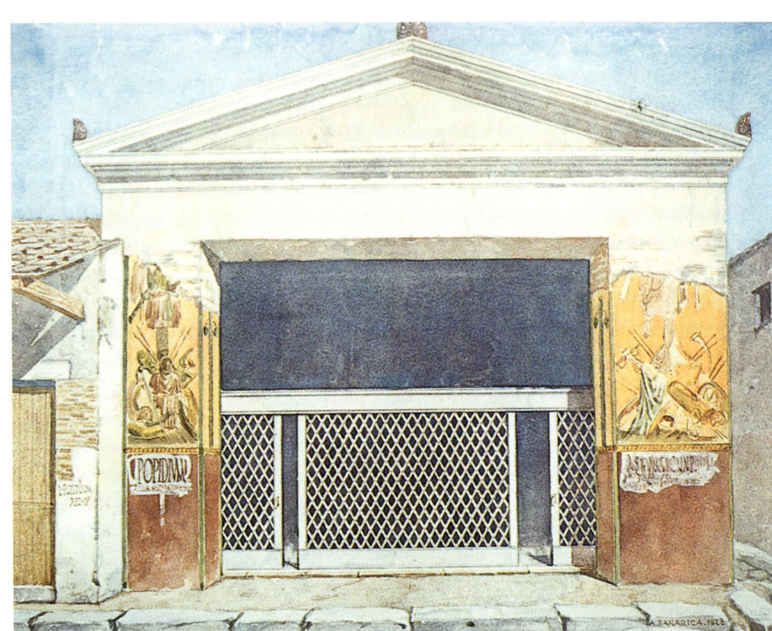

56. Pompei, Schola Armaturarum (da Spinazzola 1953).

nuti dallo Spinazzola copie di grandi trofei eretti a Roma in ricordo di vittorie di Cesare e di Augusto. La vasta sala retrostante (m. 8,50 x 8,50) è articolata da pilastri che sostenevano degli armadi, come si deduce dal fatto che la parete è grezza e che in essa si aprono numerosi fori usati per il sostegno di armadi lignei. Questi avevano decorazioni color oro che, insieme, al giallo delle linee architettoniche della decorazione sottostante, dovevano costituire un magnifico colpo d'occhio. Gli armadi custodivano probabilmente delle armi, ma del loro contenuto è stata rinvenuta solo l'impugnatura di una spada in avorio, rappresentante una testa di Minerva.
Sotto gli armadi la parete è affrescata a pannelli rossi al centro dei quali sono delle vittorie alate. Sono proprio queste figure che hanno indotto ad ipotizzare che l'edificio fosse legato ai gladiatori. Le dieci vittorie, infatti, hanno armi e scudi tipicamente gladiatori, come per esempio la sica, la spada angolare dei gladiatori traci, o imbracciano il piccolo scudo tondo caratteristico di questa classe (cfr. fig. 105).

La popolarità dei gladiatori

Le raffigurazioni pittoriche

Oltre che per la presenza dei numerosi graffiti, la popolarità dei gladiatori a Pompei è testimoniata anche dalle rappresentazioni pittoriche, le quali però sono oggi purtroppo quasi tutte perdute. Tradizionalmente si suole annoverare queste raffigurazioni al genere della cosiddetta pittura 'popolare' o 'plebea', che comprende anche scene di vita quotidiana, pitture erotiche, insegne di botteghe con raffigurazioni di arti e mestieri, processioni e cerimonie religiose.
Varcato il ristretto ambito funerario, le pitture gladiatorie fanno il loro ingresso nella decorazione domestica e civile nel corso del II secolo a.C. Secondo Plinio il Vecchio (*Naturalis historia*, XXXV, 52) il primo a far dipingere combattimenti gladiatori fu *C. Terentius Lucanus*, vissuto appunto nel II secolo a.C., il quale avrebbe fatto esporre i quadri realizzati per commemorare il *ludus* da lui offerto nel Santuario di Diana a Nemi. In seguito alla riforma augustea dei *munera* (Svetonio, *Div. Aug.* XLV), l'iconografia dei gladiatori tende a farsi più precisa e a fissarsi in schemi destinati ad un grande successo. Si vanno delineando con maggiore precisione le armi e le armature dei combattenti, che caratterizzano le diverse classi gladiatorie, e a tali dettagli verrà data grande enfasi nelle raffigurazioni.
La moda delle rappresentazioni figurate di gladiatori raggiunse un'enorme diffusione in epoca neroniana (54- 68 d.C), come attestano sia le pitture pompeiane sia le fonti letterarie. È ancora di Plinio il Vecchio (*Naturalis historia,* XXXV, 52) la notizia che uno schiavo affrancato di Nerone fece ornare i portici della città di Anzio con pitture raffiguranti i ritratti di tutti i gladiatori e gli aiutanti impiegati nel *munus* da lui offerto. Questa notizia offre importanti spunti di riflessione: in primo luogo, essendo le pitture state realizzate prima del combattimento -comprendevano infatti tutti i partecipanti al *munus* - non avevano un intento commemorativo ma decorativo; in secondo luogo, esse vennero eseguite su un supporto mai impiegato prima

in Italia, la tela, a riprova di un'ambizione artistica riscontrabile anche nella pittura dedicata alla ritrattistica gladiatoria. Infine è importante il fatto che questi ritratti siano stati esposti al pubblico. Dell'uso di decorare con raffigurazioni gladiatorie i portici o le basiliche riferisce anche un'epigrafe di Benevento (CIL, IX 1666). Qualcosa di analogo è stato ipotizzato anche per Pompei. Secondo la Sabbatini Tumolesi, gli annunci dei *munera* offerti da Alleio Nigidio Maio con la formula "dedicatione operis tabularum" (CIL IV 1177, 1178, 3883, 7993) si riferiscono a spettacoli offerti in occasione dell'esposizione pubblica di tavole dipinte raffiguranti i giochi offerti da Maio durante la sua quinquennalità (fig. 37). Forse questi quadri commemorativi furono realizzati nel periodo in cui, per le restrizioni emanate dopo la rissa del 59 d.C., non potevano più svolgersi nell'anfiteatro combattimenti gladiatori, ma solo spettacoli con atleti e cacce (*venationes*). Con queste tavole, dunque, Alleio Nigidio Maio avrà voluto destare nei Pompeiani il ricordo delle splendide rappresentazioni da lui offerte nel 55 d.C., e con esso l'auspicio di un ripristino di quei giochi tanto amati dalla popolazione. A queste e alle altre raffigurazioni di *munera* si saranno ispirati gli esecutori dei manifesti dipinti che pubblicizzavano gli spettacoli che si sarebbero svolti nelle città. Erano realizzazioni rozze e frettolose, dipinte alla buona con l'ocra o il carbone, ma che ciononostante attiravano l'interesse di molti, come riporta il poeta Orazio (Satire, II, 7, 96).
Per quanto riguarda la diffusione delle pitture a tema gladiatorio in ambiente domestico, un'importante testimonianza è offerta da un passo del *Satyricon* di Petronio (*Satyricon*, XXIX, 9). Nella casa di Trimalcione, sulla parete del peristilio, era bene in vista la pittura di un combattimento gladiatorio offerto da un tal Lenate. Essa si trovava accanto a scene dell'Iliade e dell'Odissea, e questa giustapposizione tra soggetti letterari e raffigurazione di ludi è stata interpretata come segno del cattivo gusto e della mancanza di cultura di un *parvenu* come Trimalcione. Non sappiamo chi fosse Lenate, ma è importante sottolineare che Trimalcione, facendo dipingere un *munus* offerto da un altro, dunque senza alcuno scopo commemorativo o autorappresentativo, esprime solo il piacere che prova ad avere sotto gli occhi il suo spettacolo preferito.

Infine, sempre nel *Satyricon* è attestata la consuetudine di decorare i sepolcri con scene di *munera* (*Satyricon* LXXI, 6). Queste rappresentazioni avevano lo scopo di ricordare i giochi gladiatori offerti ai concittadini da personaggi illustri, piuttosto che illustrare i *munera* organizzati in occasione di funerali privati.

A Pompei troviamo impiegate pitture a soggetto gladiatorio in case private, in edifici pubblici e in monumenti funerari, così come attestato dalle fonti letterarie. Sono essenzialmente due i modi per rappresentare i *munera*: il quadro e il fregio. I fregi, spesso a zone sovrapposte, erano adatti a decorare lunghe superfici grazie alla possibilità di replicare schemi di combattimento secondo la necessità della parete da riempire. Il quadro invece era più appropriato nelle stanze o per decorare i larari. Generalmente i quadri con scene gladiatorie mostrano il momento iniziale del combattimento o quello finale, ove il vinto chiede la *missio* e il vincitore incombe su di lui. Le raffi-

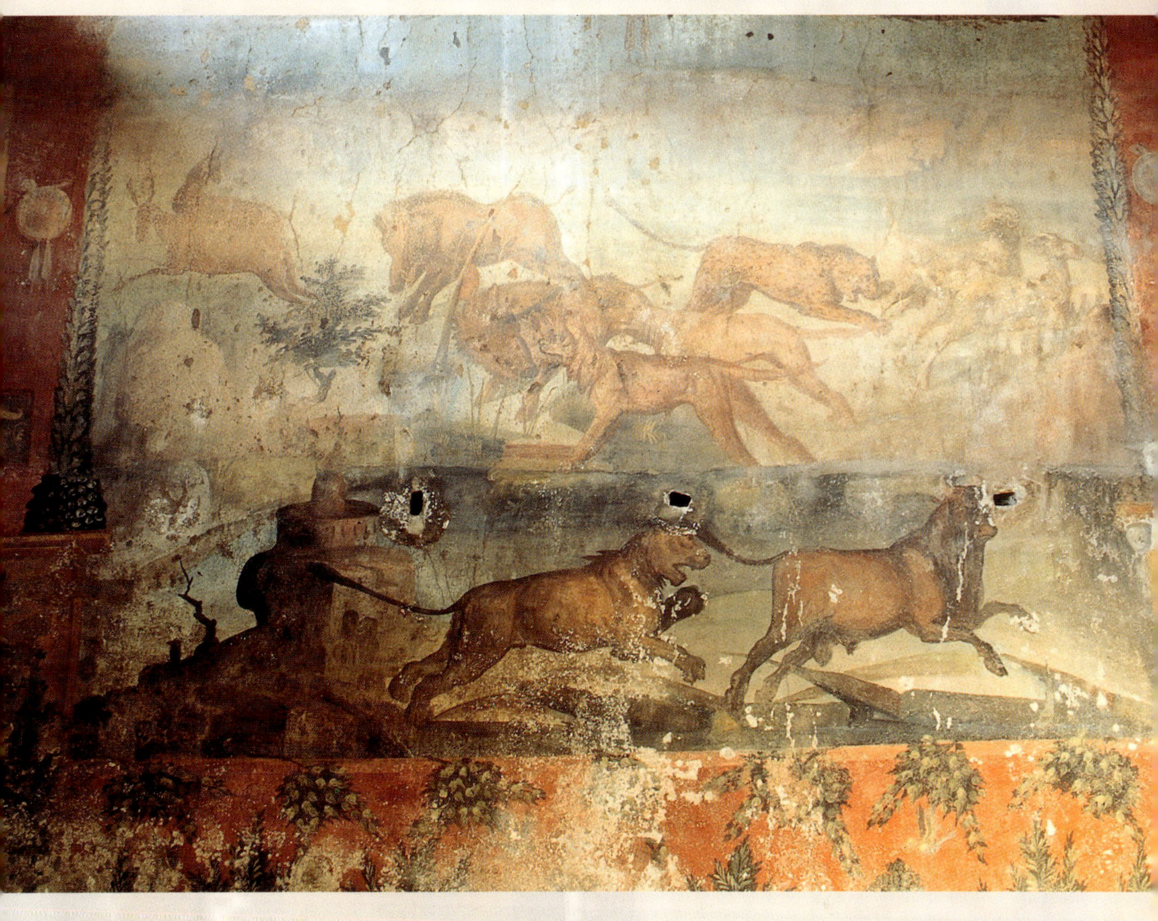

57. Pompei, casa dei Ceii (I 6, 15). Pittura con scena di lotta fra animali (lupi, cinghiali, cervi, leoni, arieti, tori e montoni (I sec. d.C.).

gurazioni di *munera gladiatoria* potevano essere solo rappresentative di questo spettacolo così amato dal popolo, o più spesso riferirsi ad un avvenimento particolare. In quest'ultimo caso troviamo riportati i nomi e l'esito del duello, a testimonianza non solo dell'ammirazione suscitata da questi 'divi' del tempo, ma anche dell'esigenza di storicizzare l'avvenimento, fissandolo nella memoria collettiva.

C'è infine da ricordare che a Pompei sono numerosi anche gli affreschi che riproducono scene di lotta fra animali, spesso ambientate in paesaggi montuosi (fig. 57). Probabilmente queste raffigurazioni ricordavano ai pompeiani le *venationes* che spesso prevedevano un apparato scenico di rocce, colline e corsi d'acqua. Tale tipo di apparato veniva impiegato come contesto scenico per la rappresentazione di un qualche mito che prevedeva la presenza di animali. Così anche le bestie dell'anfiteatro erano chiamate a svolgere un ruolo preciso nella messa in scena del mito. Fra le leggende rappresentate un posto di rilievo era occupato dal mito di Orfeo, che con il suo canto e la sua musica ammansiva le bestie feroci. Varrone riporta che uno spettacolo del genere fu realizzato per allietare i commensali di una cena nella villa di Quinto Ortensio (Varrone, *Re rustica*, III, 13).

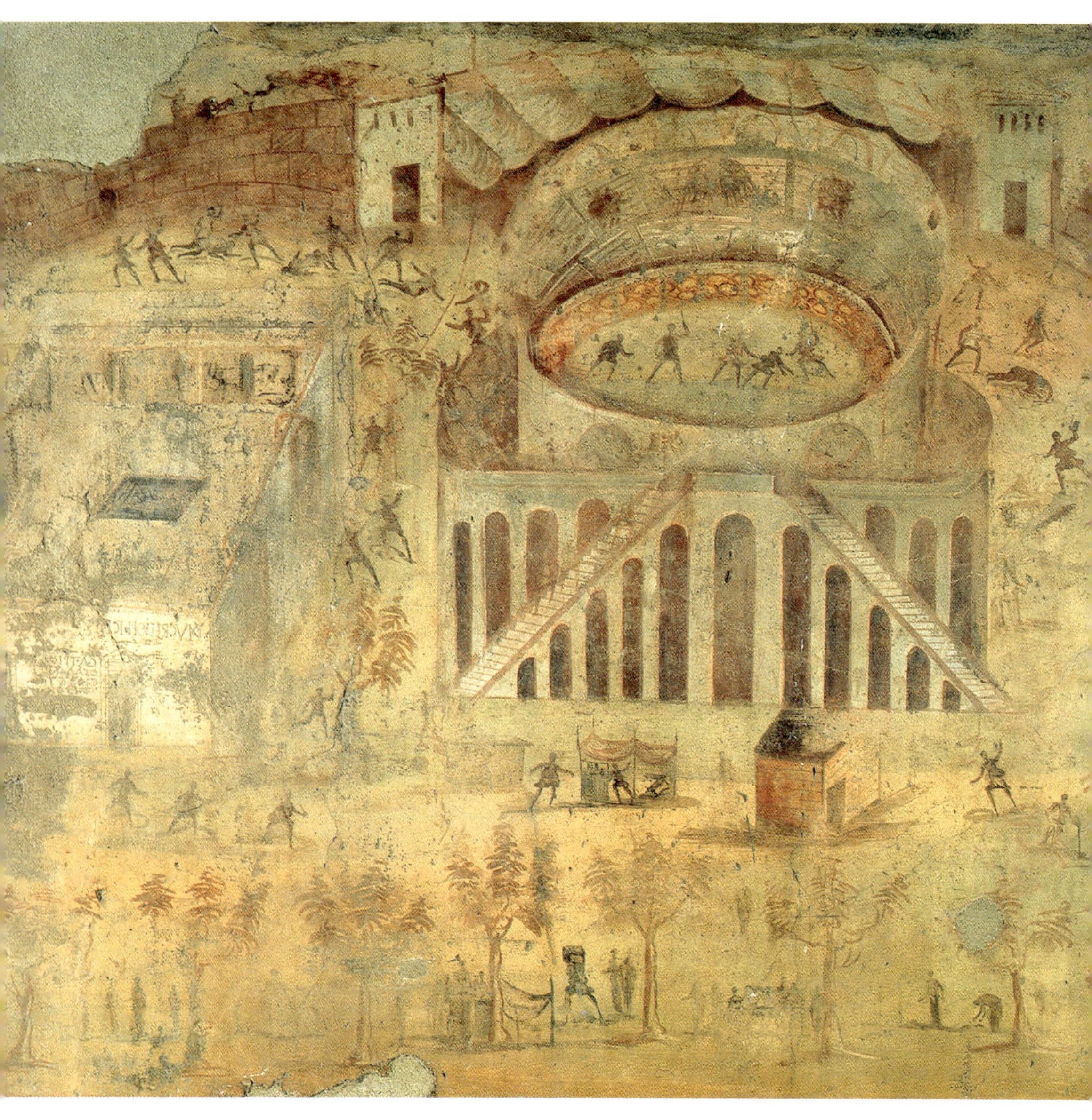

58. Napoli, Museo Archeologico Nazionale (inv. 112222). Affresco raffigurante la rissa fra Pompeiani e Nocerini proveniente dalla casa di Anicetus (I 3, 23) (59-79 d.C.).

Le raffigurazioni di gladiatori nelle case e negli edifici pubblici pompeiani

I 3, 23. Casa di Anicetus

Sulla parete ovest del peristilio (n) della casa (fig. 59) fu scoperto il famoso affresco raffigurante la rissa scoppiata nell'Anfiteatro di Pompei nel 59 d.C. fra Pompeiani e Nocerini (Tacito, *Annales.*, XIV, 17) (fig. 58). La pittura era affiancata da due quadretti con coppie di gladiatori che furono lasciati sul posto e ben presto deperirono. La pittura della rissa poi, ne ricopriva una più antica, ugualmente di soggetto gladiatorio, vista e descritta al momento dello scavo, ma non altrimenti documentata: c'era una mensa agonistica con rami di palma e resti incompleti di figure atletiche con sopra scritti i nomi in caratteri greci (Sokrion...perdis Teimeas, Apate). Il proprietario della casa sembrerebbe in qualche modo legato ai temi anfiteatrali tanto da far ridipingere la parete del suo peristilio sempre con pitture di soggetto gladiatorio, e per di più, la seconda volta, con un episodio tanto cruento come la rissa del 59. Il Della Corte, in base all'iscrizione dipinta accanto all'ingresso della casa (*Anice(te) fac,* CIL IV, 2993), ed ad una serie di altre acclamazioni in cui Aniceto è definito 'signore delle scene' (CIL IV 5399, 3877), ipotizzò che in questa casa fosse vissuto un famoso gladiatore divenuto libero.

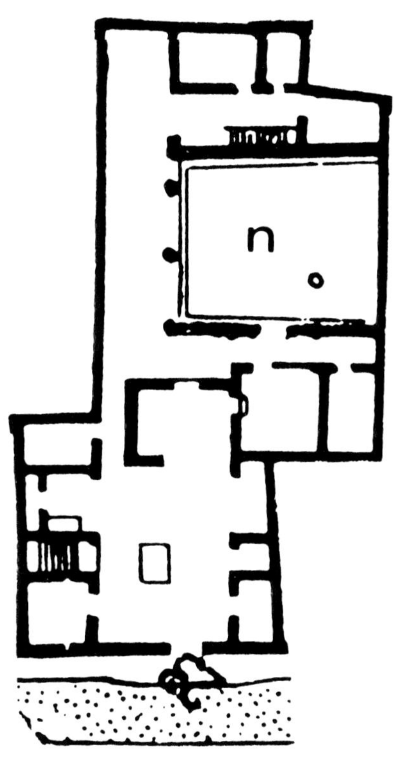

59. Pianta della Casa di Anicetus (I 3, 23).

Il dipinto con la rissa, custodito al Museo Nazionale di Napoli (inv. 112222), è per il suo contenuto 'storico' un documento di grande interesse. L'artista ha scelto un punto di vista dall'alto, con la visione dell'arena girata verso lo spettatore e il velario solo parzialmente raffigurato, per consentire la visione di ciò che si svolgeva all'interno. Pur se con errori di prospettiva l'affresco è eccezionalmente fedele alla rappresentazione dei luoghi: l'Anfiteatro con la caratteristica scala a due rampe per accedere alla *summa cavea*, le mura con le torri, la Palestra con la piscina al centro e persino i platani nello spiazzo intorno, di cui sono state ritrovate le radici, ci 'fotografano' la realtà del tempo.
Per quanto riguarda i due quadretti con coppie di gladiatori, che affiancavano il quadro della rissa, Sogliano e Fiorelli ne forniscono una descrizione quasi identica. Primo quadretto: "Una coppia di gladiatori di cui il vincitore incalza il vinto, che caduto in ginocchio rimane di fronte l'avversario aspettando la morte". Secondo quadretto: "Coppia simile in cui però il vinto è caduto bocconi e dietro il vincitore è una donna che pare voglia trattenere il vincitore". La descrizione dei quadretti si adatta perfettamente ai due disegni qui riportati (fig. 60), e ritenuti da studiosi quali il Reinach (RPGR 285,5) genericamente provenienti da Pompei.

I 4, 27. Taberna

L'unica testimonianza di una pittura con gladiatori che decorava questa taberna, ci è offerta dalla descrizione che dell'affresco fa il Sogliano: "Coppia di gladiatori combattenti l'uno contro l'altro; sono armati di

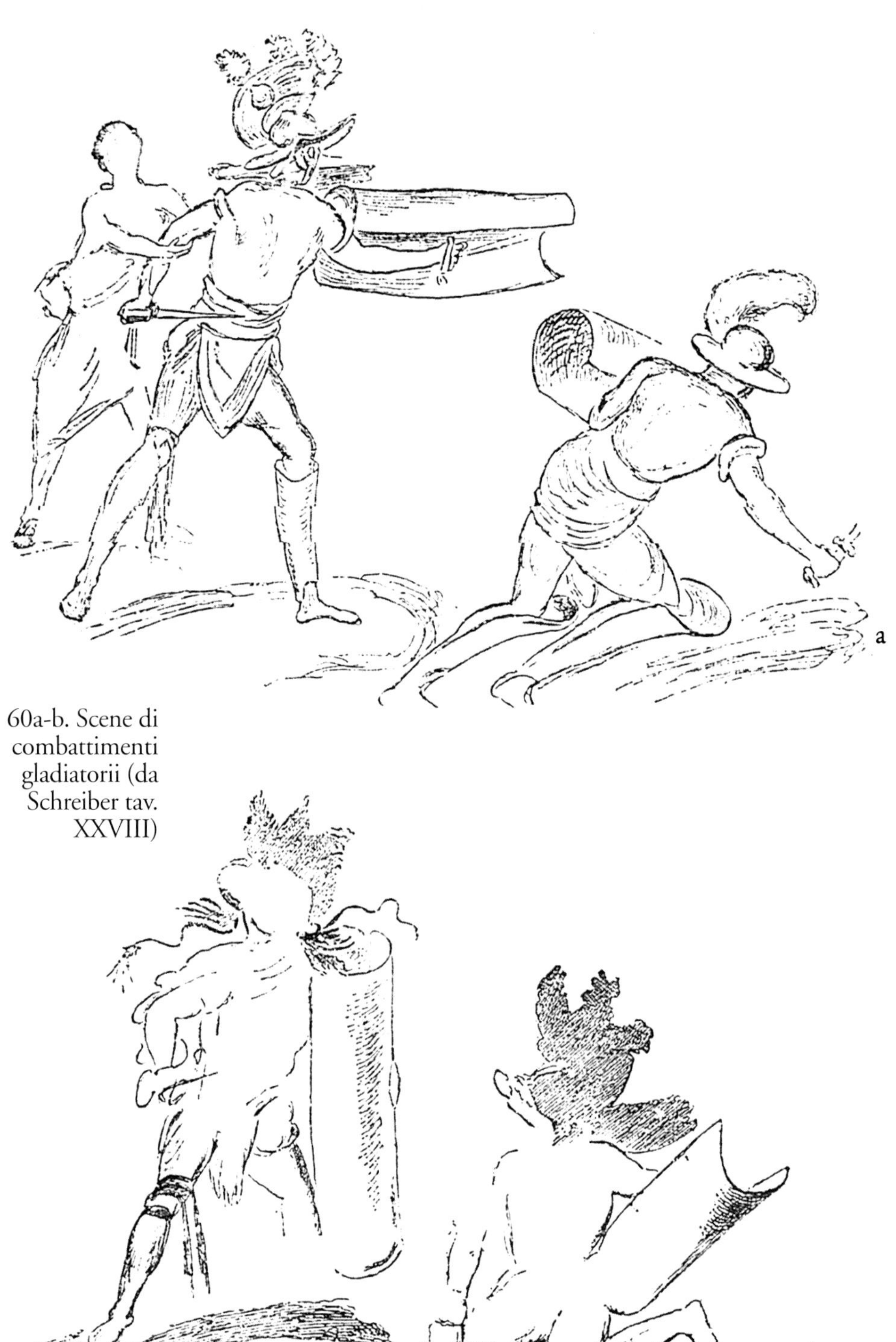

60a-b. Scene di combattimenti gladiatorii (da Schreiber tav. XXVIII)

elmo crestato, di grande scudo rettangolare, di gambali e di gladio impugnato". Attualmente non resta alcuna traccia dell'affresco.

61. Pompei, Casa del Sacerdos *Amandus* (I 7,7) (pianta).

I 7, 7. Casa del Sacerdos Amandus

Sulla parete destra del vestibolo (a) della casa, in seguito alla caduta dell'intonaco più recente, ritornò alla luce un affresco di II stile con combattimento gladiatorio che costituisce la testimonianza più antica di questo genere pittorico a Pompei (figg. 61-62). Il dipinto formava una specie di fregio lungo m. 2,06, alto m. 0,45 e posto all'altezza di m. 1,60 dal pavimento. Su un rozzo intonaco le figure erano tracciate con tecnica a monocromo rosso. All'estrema destra era visibile una figura grottesca con testa di animale, che suonava una lunga tromba. Seguivano due combattenti a cavallo entrambi muniti di scudo tondo, uno era raffigurato nell'atto di inseguire e ferire l'altro cavaliere con una lunga lancia. Al di sopra del cavaliere attaccante era visibile la scritta in lingua osca: *Phili[......] ans*. Al di sopra del cavaliere ferito si trovava ben leggibile l'iscrizione *Spartaks.* A sinistra era raffigurato un duello fra due gladiatori appiedati (sanniti?) armati di spada e scudi rettangolari. Sulle loro teste si scorgevano indecifrabili tracce di lettere in osco. Chiudeva il dipinto la rappresentazione di una costruzione non meglio identificabile (altare?).

Il nome di Spartaco creò subito un grande interesse intorno all'affresco. Il Maiuri considerò il dipinto realizzato dopo la morte dell'eroe della rivolta servile, che sicuramente aveva esercitato una gran-

62. Casa del Sacerdos *Amandus*. Dipinto Gladiatorio (fine II - primi anni del I sec. a.C.).

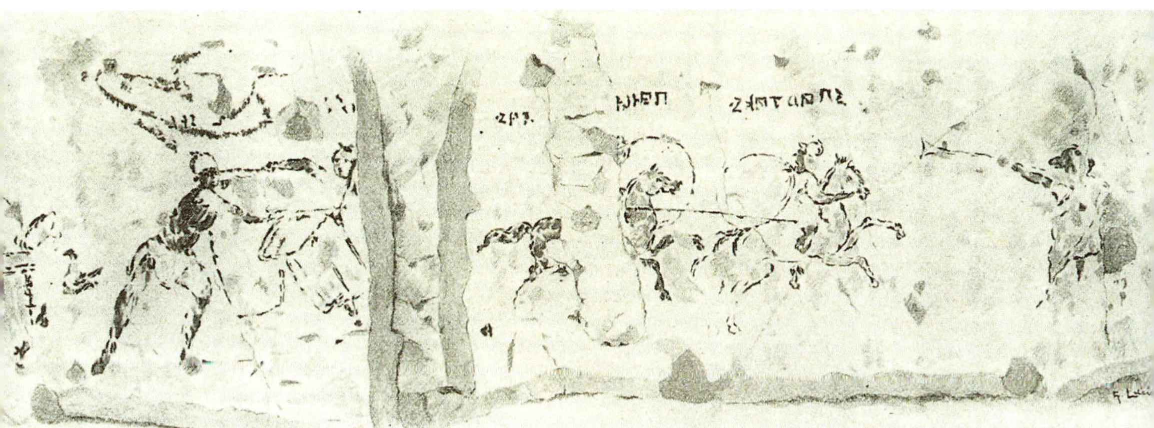

de influenza nella regione vesuviana, teatro delle sue prime battaglie. Altri studiosi si spinsero anche oltre: l'archeologo tedesco K. Lehmann-Hartleben propose una tesi di grande effetto, per altro in seguito largamente accettata. Egli sostenne che l'affresco rappresentasse in modo preciso la morte di Spartaco e che il suo uccisore fosse stato un tal Felice da Pompei (integrazione del nome osco: *Phili[ks pumpaii]ans* che si leggeva sul cavaliere attaccante). Lo studioso suppose anche che la casa nella quale era stato ritrovato il dipinto fosse appartenuta proprio a Felice, l'uccisore di Spartaco. Questa tesi sembrava trovare conferma nel racconto di Appiano (*Guerre Civili* I, 120, 557), secondo cui Spartaco sarebbe stato ferito ad una coscia durante la sua ultima battaglia, proprio come rappresentato sul dipinto di Pompei.
Recentemente è stata proposta una tesi meno suggestiva ma forse più attendibile. Il dipinto è stato ritenuto più antico della rivolta di Spartaco (73-71 a.C.), precedente all'89 a.C., quando ebbe inizio il processo di romanizzazione di Pompei con la progressiva sostituzione della cultura e della lingua osca. Il dipinto si riferirebbe ad uno spettacolo gladiatorio –come dimostrerebbe anche la presenza del *tibicen* mascherato– svoltosi tra la fine del II e i primi anni del I sec. a.C. Il nome Spartaco, dunque, non si riferirebbe al comandante della rivolta. Spartaco era un nome molto diffuso in Tracia, e forse il gladiatore raffigurato sull'affresco di questa casa era un trace che si era conquistata una certa fama combattendo a Pompei.

II 2, 2-5. Casa di D. Octavius Quartio detta anche di Loreio Tiburtino

Sulla facciata posteriore della casa, nel lato che conduce all'Anfiteatro, si scoprì, riquadrato da larghe fasce rosse, un fregio alto m. 0,80 con scene e lotte di gladiatori grossolanamente dipinte, ed oggi totalmente perdute (fig. 63). Fu calcolato che la lunghezza totale del fregio originariamente fosse di m. 16,50, ma al momento dello scavo la parte superstite era di m. 7,30. Ai lati del dipinto si leggevano due programmi elettorali. Il Maiuri ipotizzò che queste figurazioni potevano indicare che il proprietario della ricca dimora fosse stato un *editor munerum*.

VII 4, 26. Taberna

Il Fiorelli riferisce che nel cubicolo (3) di questa taberna fu rinvenuta una pittura con la "scena di un combattimento gladiatorio e di più animali alle prese fra loro". Si è voluto identificare in un disegno del Morelli (ADS 574) (fig. 64) questo affresco oggi perduto. Questa identificazione contrasta con quanto specificato nella didascalia che accompagna il disegno, che colloca la pittura "alla porta settentrionale di Pompei. In Atrio non lungi dalla medesima". D'altronde lo stesso disegno è stato ritenuto copia di affreschi ora provenienti dall'edificio VII 5, 15, ora dall'Insula Occidentale, ora dallo stesso Anfiteatro. Probabilmente questa confusione è stata creata dal fatto che il quadro fu più volte replicato, come dimostra anche l'affresco posto all'esterno della caupona di Purpurio (fig. 69), che ripropone uno schema compositivo molto simile a quello del nostro disegno. E' dunque probabile che in questa taberna fosse stato affrescato un

63. Pompei, esterno della Casa di *D. Octavius Quartio* (II 2, 2-5). Stato attuale degli affreschi.

64. Disegno Morelli (ADS 574).

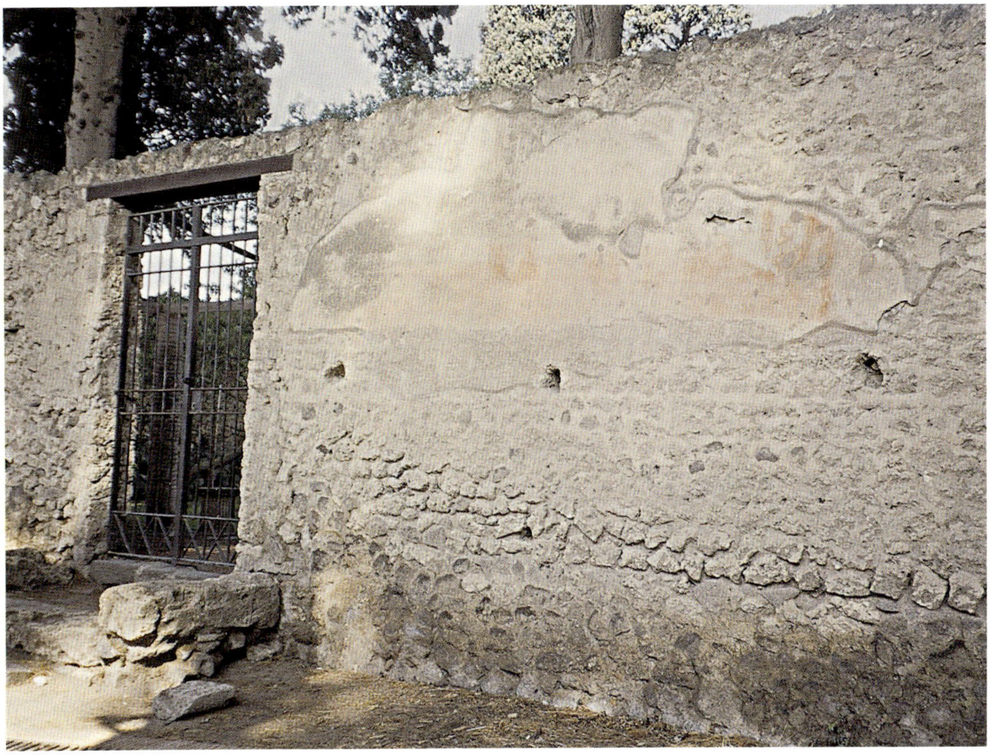

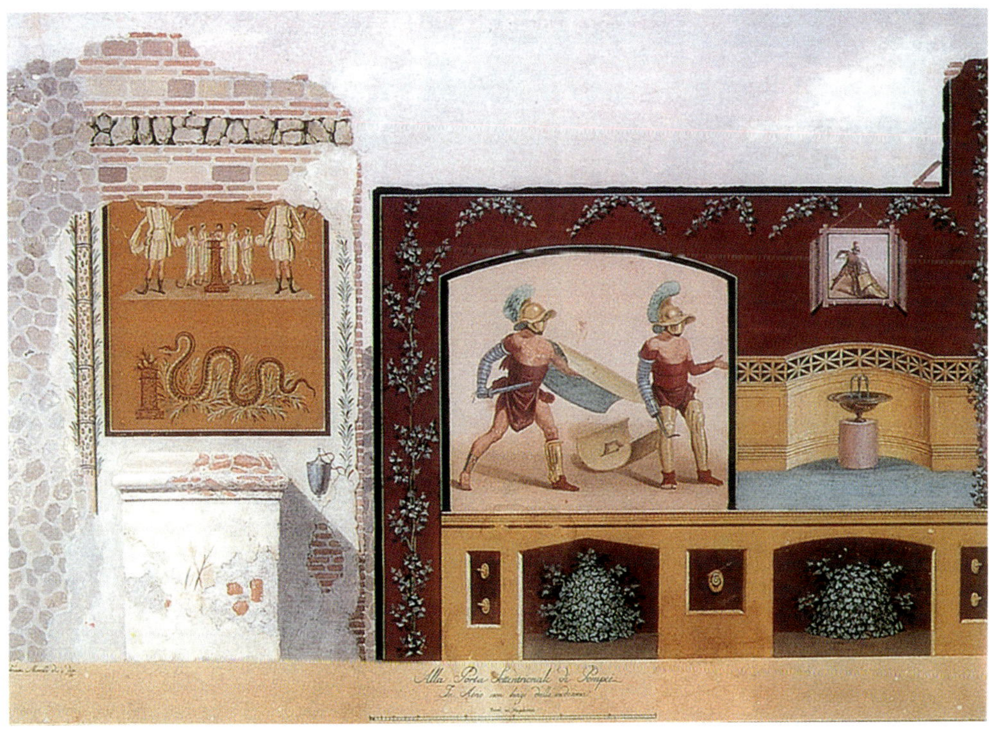
Alla Porta Settentrionale di Pompei

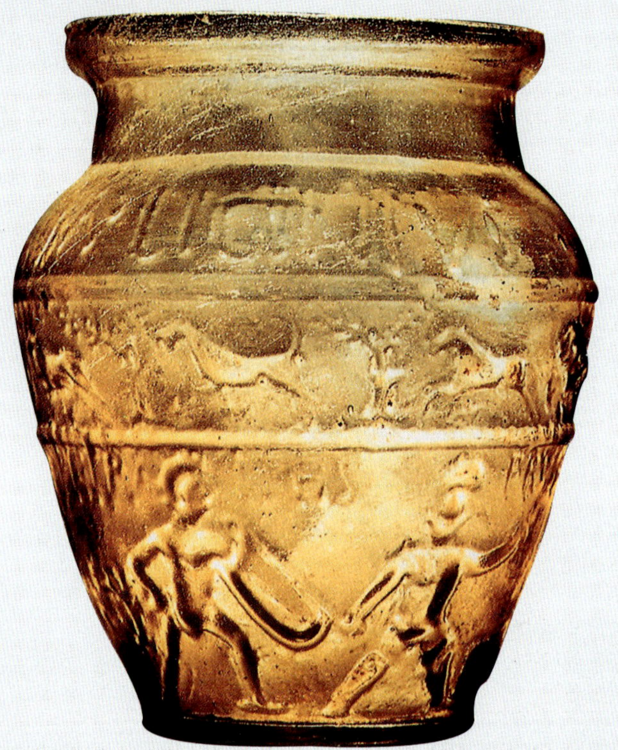

65a. Corning Museum of Glass (inv. 57. 1. 4). Vaso di vetro rinvenuto in Ungheria. In basso quattro gladiatori disposti a coppie, con il nome segnato superiormente. Una coppia è composta da Petraites che affronta Prudes (I sec. d.C.).

65b. Disegno ricostruttivo del vaso di vetro.

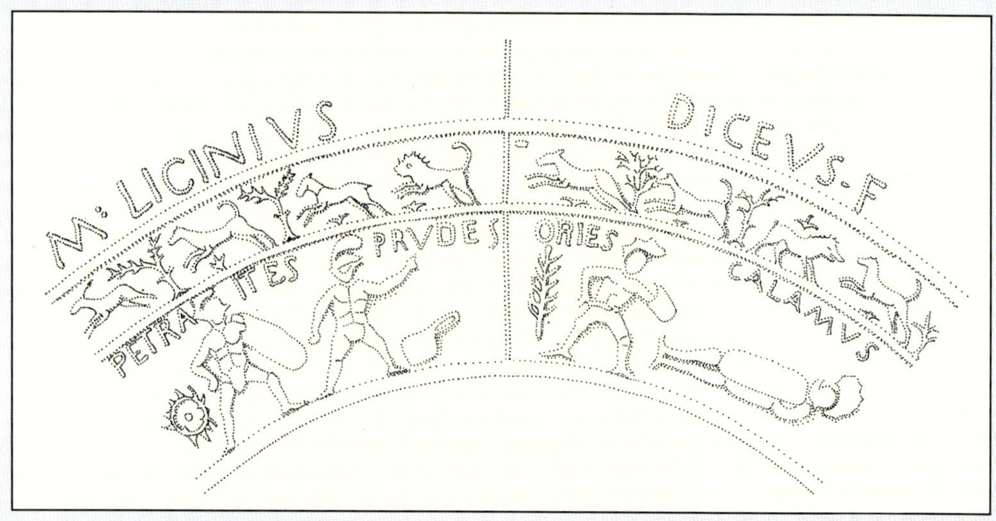

quadro simile a quello riprodotto dal disegno del Morelli, che rispondeva a criteri compositivi piuttosto diffusi in città.

VII 5, 15

Una pittura con scene gladiatorie fu scoperta il 12 aprile 1817 sul pilastro al lato dell'ingresso di questo edificio. La pittura lasciata esposta agli agenti atmosferici andò gradualmente deteriorandosi. Attualmente non esiste neanche più l'edificio di provenienza, distrutto dai bombardamenti americani nell'ultimo conflitto mondiale. Al suo posto sorge l'attuale Bar-Ristorante. Delle pittura esistono però diverse descrizioni. Erano raffigurati due gladiatori in due fasi diverse del combattimento: in alto sullo sfondo, all'inizio della lotta; inferiormente, in primo piano, nella fase conclusiva, quando uno dei due era a terra e l'altro era sul punto di sferrare il colpo mortale. Entrambi i gladiatori appartenevano alla classe dei mirmilloni, come attestava un pesce effigiato sull'elmo. In alto sulle loro teste potevano leggersi i nomi *Tetraites* e *Prudes*, con l'indicazione delle lotte sostenute. Questi due gladiatori erano famosissimi, i loro nomi associati compaiono su alcuni vasi di vetro trovati in Francia, Inghilterra, Ungheria (fig. 65). In tutte queste raffigurazioni *Tetraites* (a volte scritto *Petraites*) risulta il vincitore e *Prudes* vinto. Il nome *Petraites* ricorre due volte anche nel *Satyricon* di Petronio. Una prima volta Trimalcione si vanta di possedere nella sua ricca collezione di argenterie, tazze per bere sulle quali erano raffigurati i combattimenti gladiatori di *Hermeros* e di *Petraites* (*Satyricon*, 52, 3). Successivamente sempre Trimalcione raccomanda al suo amico *marmorarius* Abinna, di raffigurare sul proprio sepolcro tutti i combattimenti di *Petraitis* (*Satyricon*, 71, 6).
Il Fiorelli in considerazione del soggetto dipinto sull'insegna del locale, credette di poter riconoscere la bottega di un armaiolo. Recentemente invece Rosaria Angelone ha ipotizzato si trattasse dell'agenzia di un lanista, cioè il proprietario e l'istruttore di schiavi avviati al mestiere di gladiatori, che in questo "ufficio" presso il Foro organizzava l'allestimento degli spettacoli tanto amati dai pompeiani. Secondo la studiosa questo lanista sarebbe riuscito a portare a Pompei i due famosi gladiatori che nella cittadina vesuviana avrebbero sostenuto *Petraites* il suo decimo combattimento e *Prudes* il diciottesimo. Ma si può anche ipotizzare che l'affresco ricordasse semplicemente due beniamini della folle. D'altronde a Pompei sono ricordati ed effigiati altri gladiatori famosi, come per esempio *Spiculus*, il gladiatore preferito da Nerone (Svetonio, *Nero*, 30, 2; 47, 3), la cui figura fu graffita nell'ingresso della Casa del Fauno (CIL IV, 1474).

VIII 4, 4-49. Casa di C. Holconius Rufus o dei Postumii

Nel 1860 ebbe inizio lo scavo sistematico della casa, che fu completato entro pochi mesi (fig. 66). Su uno dei pilastri del corridoio al lato del tablino fu riportata alla luce la figura di un gladiatore che recava sopra il nome PRIMIgenius. Attualmente di tale immagine non resta traccia. Dai resoconti del Minervini e del Fiorelli si ricava che la figura del gladiatore era tracciata con colore rosso e si trovava molto in basso sulla parete. Il combattente era munito di elmo, gladio e scudo rettangolare. Nello stesso ambiente erano raffigurati animali in fuga.

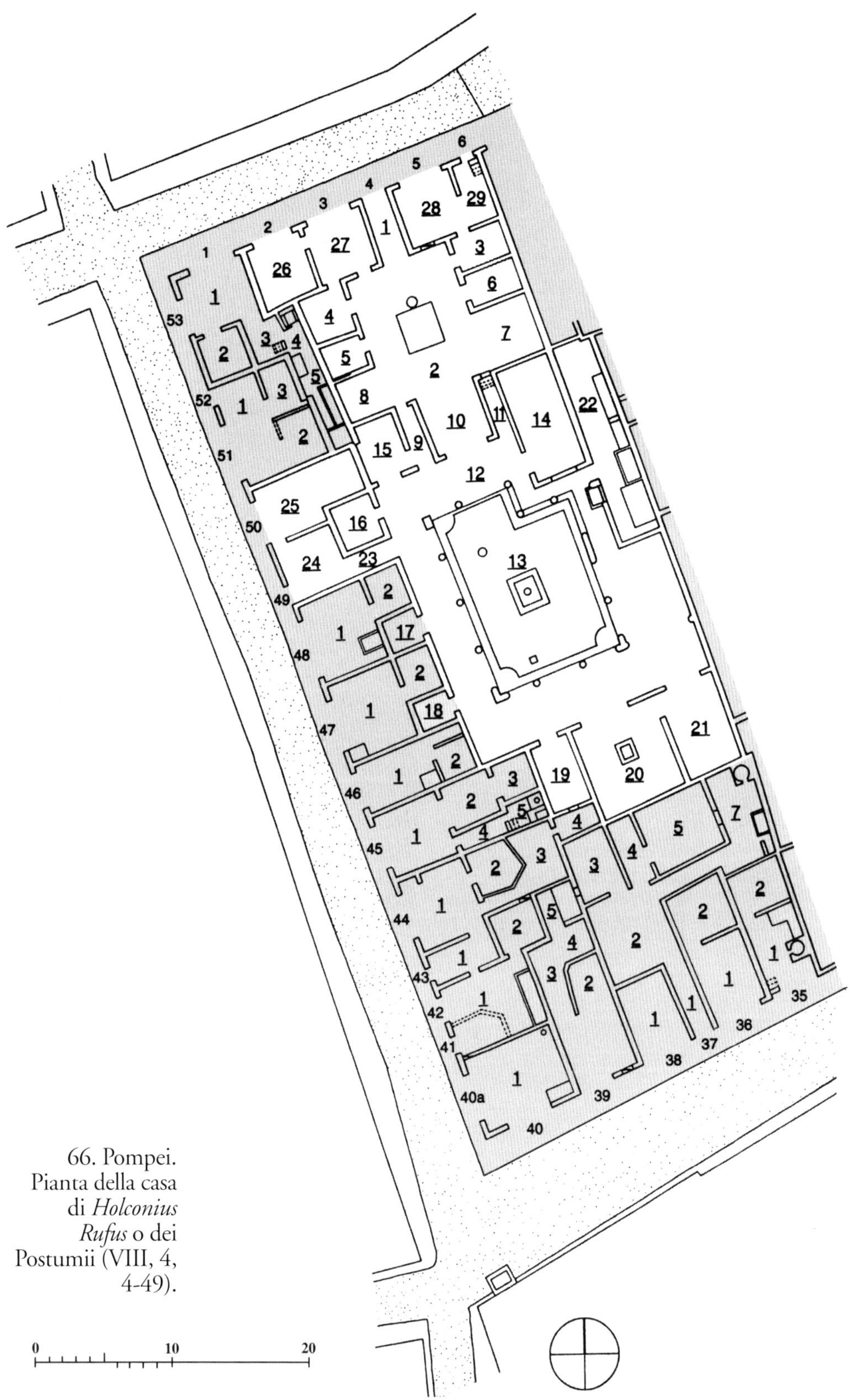

66. Pompei.
Pianta della casa
di *Holconius*
Rufus o dei
Postumii (VIII, 4,
4-49).

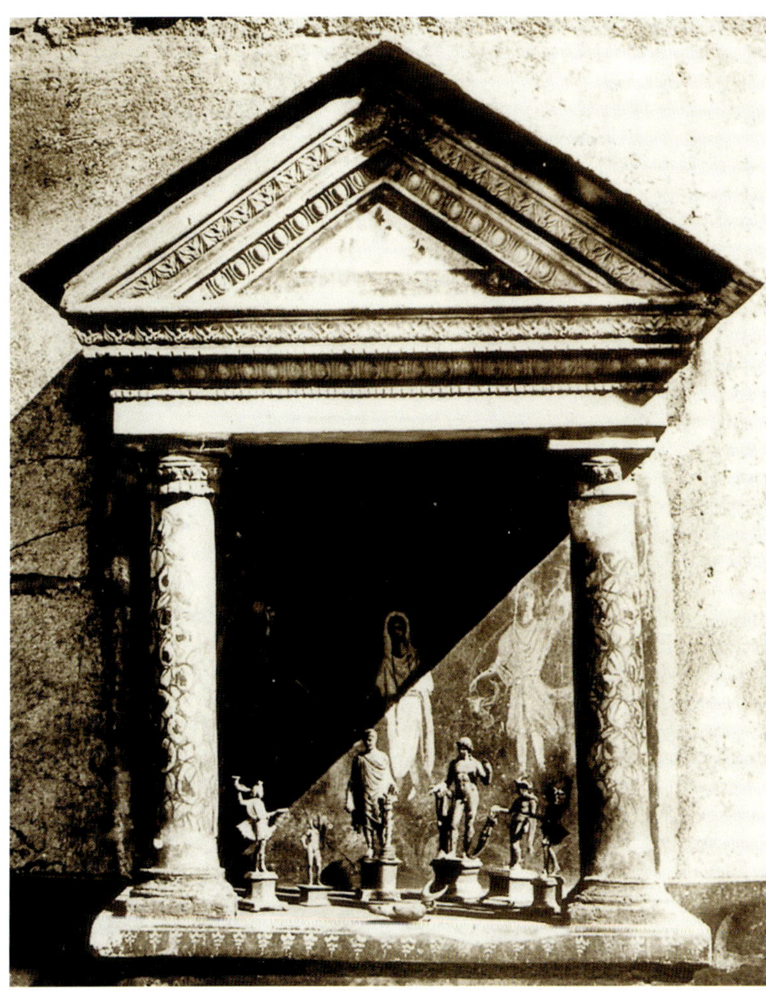

67. Pompei, Casa delle Pareti Rosse, larario con armi gladiatorie (DAIR 71.1114).

VIII 5, 37. Casa delle Pareti Rosse

Nell'atrio di questa casa che nel 79 d.C. era in via di ristrutturazione, si trova un larario a forma di edicola su un alto podio (fig. 67). Presenta le colonne dipinte ad imitazione del marmo. Sulla parete di fondo è raffigurato un Genio familiare con il capo velato e la cornucopia, in atto di compiere un sacrificio, fiancheggiato dai due Lari. Il timpano dell'edicola era ornato dalla rappresentazione di armi gladiatore, oggi completamente svanite. Era visibile al centro un elmo, a sinistra i gambali a destra uno scudo e sopra un gladio.

VIII 7, 24. Casa dello Scultore

Nel peristilio (12) sul tratto sud della parete est, accanto ad una scena di naumachia, era una pittura di II stile che raffigurava lo scontro tra due gladiatori muniti di gladio e protetti da scudi rettangolari (fig. 68). Il gladiatore di destra appariva sbilanciato, o perché colpito a morte, oppure perché raffigurato nel tentativo di sferrare l'attacco finale. Se-

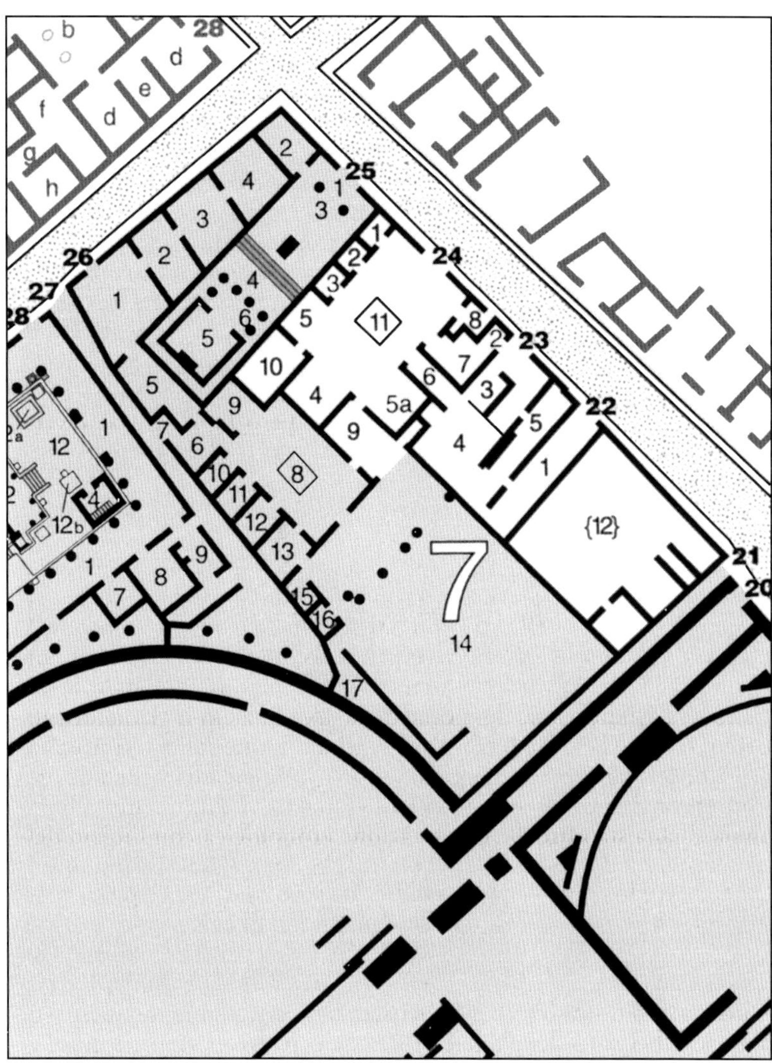

68. Pompei, pianta della Casa dello Scultore.

guivano scene di *venatio* molto deteriorate. Una parte dell'affresco venne staccato e posto nella casa I 8, 17, un'altra parte fu lasciato in situ ed è ormai quasi completamente sbiadito.

IX 3, 13

Anche questa pittura è scomparsa, e ci è nota solo grazie alle concise descrizioni del Fiorelli e del Sogliano. In particolare Fiorelli ci informa che nel primo ambiente (a) di questa casa-bottega, sotto la scaletta che portava al piano ammezzato erano dipinti un larario con il Genio affiancato dai Lari, la caricatura di una testa virile, e due gladiatori in atto di combattersi. Sogliano ci dice che la pittura era realizzata a monocromo rosso su un intonaco bianco.

IX 9, 8. Caupona

Sulla parete di sinistra del primo ambiente di questa caupona nel

1887 furono riportati alla luce due strati di intonaco sovrapposti: sullo strato più antico – che appariva picchiettato per facilitare l'adesione del secondo strato - era raffigurato un combattimento gladiatorio, di cui restano solo le descrizioni – non completamente concordanti – del Sogliano e del Mau. La parte conservata dell'affresco (alt. m. 0, 60; lungh. m. 0,50), mostrava un gladiatore (*oplomaco* o *murmillo*?) rivolto a sinistra, con grande scudo rettangolare curvato, protetto da un gambale alla gamba sinistra e da un elmo crestato, munito di visiera bucata. Indossava una lorica e *subligaculum*, stringeva un gladio e forse era munito di manica al braccio destro. Una benda nera gli avvolgeva la coscia destra, sopra il ginocchio. Aveva la gamba sinistra protesa in avanti, lo scudo era abbassato sin quasi a terra, e aveva la testa girata indietro come per attendere la decisione sulla sorte da riservare all'avversario sconfitto, di cui però non restava traccia. Superiormente alla figura del gladiatore si trovava la seguente scritta (CIL IV, suppl. 3789):

...AEDIM SULL XIIX V

Secondo il Sogliano AEDIM era quanto restava del nome del gladiatore, un Sannita, secondo l'armamento raffigurato in pittura. Il numero XIIX era quello dei combattimenti sostenuti e la lettera V stava naturalmente ad indicare che era risultato vincitore nel combattimento raffigurato. Ma l'elemento più prezioso, secondo il Sogliano, era l'indicazione del nome della *familia* a cui il gladiatore apparteneva, cioè la famiglia Sillana. Poiché il termopolio si trova quasi di fronte alla caserma dei gladiatori V 5, 3, e gladiatori erano, secondo il Sogliano, gli avventori dell'esercizio, il riferimento alla famiglia sillana stabilirebbe una relazione cronologica con l'inizio dell'acquartieramento dei gladiatori nella caserma, risalente quindi, secondo lo studioso, al periodo sillano. L'ipotesi però non appare condivisibile, proprio sulla base della descrizione del gladiatore e al suo armamento – in particolare l'elmo – che sembrerebbero collocare la pittura non ad epoca sillana, ma ad età posteriore (I secolo d.C.). La vicinanza con il Ludo induce a pensare che effettivamente questo locale fosse il ritrovo dei gladiatori lì acquartierati. Forse in seguito al loro trasferimento nel Quadriportico dei teatri – avvenuto dopo il terremoto del 62 – si sarà provveduto ad una ridecorazione più rispondente alla nuova clientela.

IX 9, d

Nell'atrio di questa casa, scoperta nel 1889, furono riportate alla luce due pitture con gladiatori, oggi perdute. La prima si trovava sulla parete a destra dell'ingresso all'ambiente (e). Già all'epoca della scoperta la pittura era assai danneggiata. Vi si vedeva un gladiatore rivolto a destra, dipinto in rosso su fondo bianco. La gamba sinistra era protesa in avanti, secondo uno schema assai comune in questo genere di raffigurazioni. Il Mau ne diede la seguente descrizione: 'Si distingue la gamba sinistra messa avanti; il piede sta più alto del destro ed è munito d'un gran gambale che s'innalza sopra il ginocchio e presso al quale si vede una corda. La mano sinistra (così pare), col braccio involto, è stesa indietro accanto alla coscia e regge orizzontal-

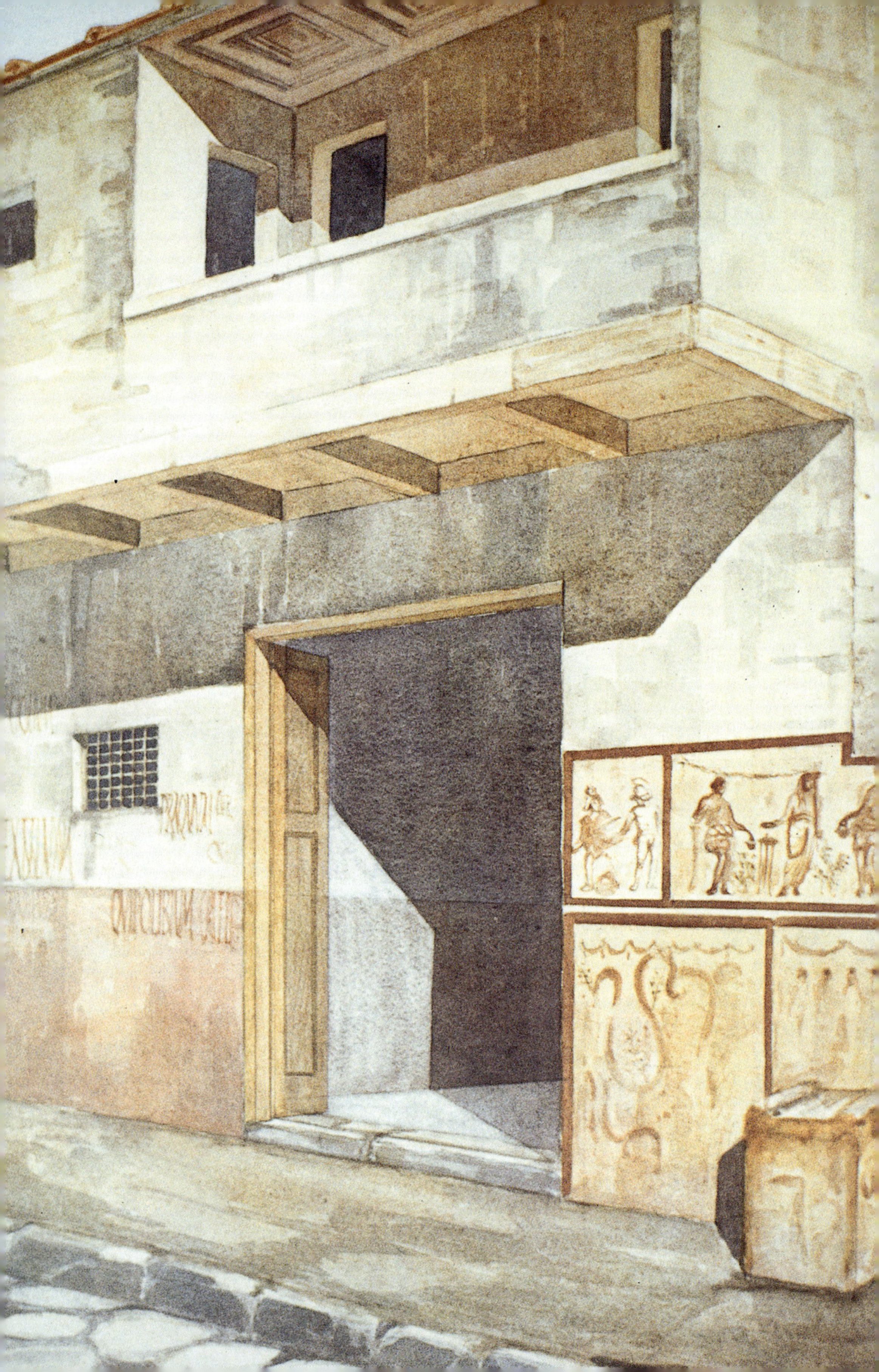

mente un'asta: la lunga linea rossa si vede per m. 0, 85'. L'altro affresco si trovava nell'attiguo ambiente (d). Anch'esso era in cattivo stato di conservazione e raffigurava due gladiatori, entrambi con grande scudo giallo ed elmo dorato. Il gladiatore a destra portava un gambale alla gamba sinistra, ed un bendaggio intorno al ginocchio destro. Il suo avversario portava alti gambali ad entrambe le gambe. In pura via ipotetica potremmo pensare ad un classico scontro fra un oplomaco (o un trace) e un murmillo.

69. Pompei, Caupona di Purpurio (da Spinazzola 1953).

IX 12, 7. Caupona di Purpurio

Nel 1912 fu messa in luce la facciata della casa IX 12, 7, posta all'angolo di un quadrivio. Come spesso accade in prossimità di crocicchi (*compita*) la facciata esterna della casa era adornata con un larario dedicato alle divinità compitali. In alto era raffigurato un Genio sacrificante fra due Lari (fig. 69). Accanto a questo dipinto era una pittura monocroma (alt. m. 0,75; largh. m. 0,54), che rappresentava la scontro finale fra due gladiatori armati entrambi di scudi rettangolari curvi, protetti da elmi e maniche alle braccia (fig. 70). Uno indossava alti stivali, l'altro un gambale ed una ginocchiera. Il gladiatore di destra presentava una ferita sanguinate sul ginocchio, ed era sul punto di cadere spossato per il combattimento. Il vincitore, probabilmente un *thraex*, era nell'atto di parare con lo scudo l'ultimo fiacco colpo dell'avversario. Sotto queste pitture erano raffigurati due serpenti agathodemoni e affianco cinque sacerdoti (*Magistri vici*) in atto di compiere un sacrificio. Questa pittura ne ricopriva una precedente di egual soggetto, forse per nascondere il Genio di Nerone, colpito, dopo la sua morte, dalla *damnatio memoriae*, che prevedeva la cancellazione del nome e dell'immagine ovunque si conservasse. La presenza del quadro dei gladiatori secondo il suo scopritore, Vittorio Spinazzola, era in rapporto con l'attività dell'abitante della casa e la presenza in un larario viene considerata come una richiesta di protezione alle divinità compitali.

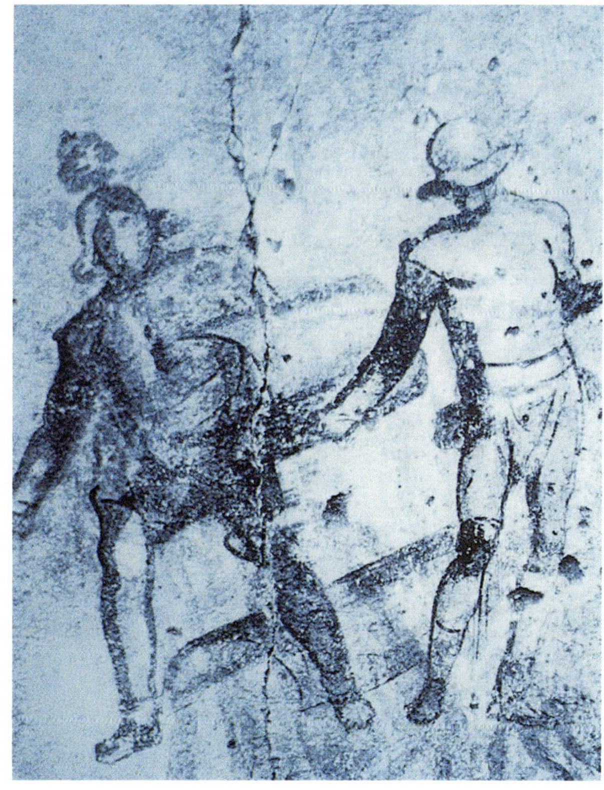

70. Pompei, Caupona di Purpurio. Particolare del quadro con i gladiatori (da Spinazzola 1953).

Le Terme suburbane

Nel dicembre del 1985, nel corso dello scavo delle Terme Suburbane di Pompei, nella zona superiore del muro sud del corridoio di accesso alle Terme (B), furono rinvenuti frammenti ancora in *situ* di intonaci dipinti riproducenti scene gladiatorie, appartenenti alla fase del IV stile (fig 71). Le pitture si svolgevano su due registri so-

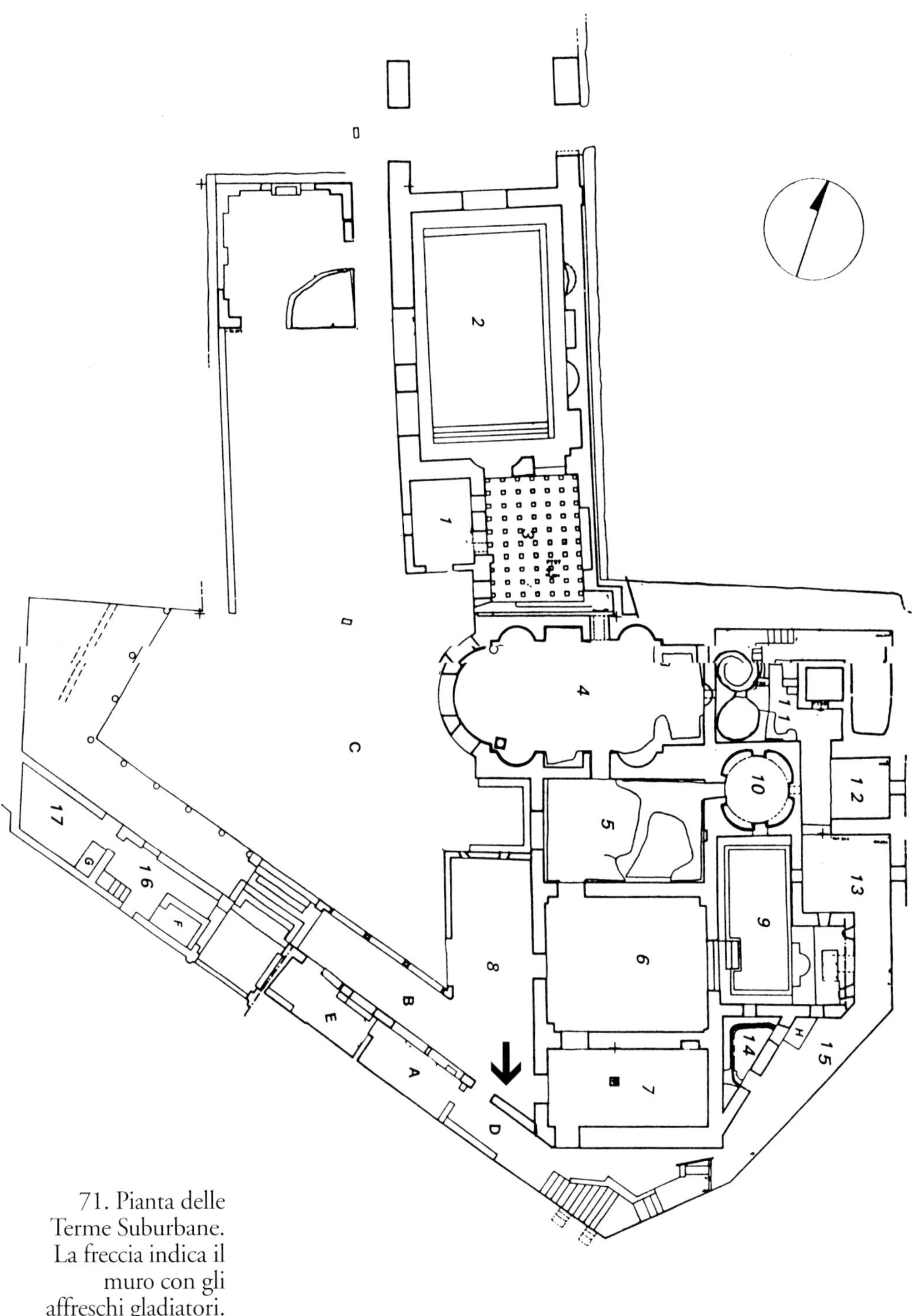

71. Pianta delle Terme Suburbane. La freccia indica il muro con gli affreschi gladiatori.

vrapposti: una predella (alta m. 0,45 e posta ad altezza da terra m. 2,26) ed una zona superiore, conservata per una lunghezza di m. 0,95. Attualmente si conserva solo parte della predella e della zona superiore del lato ad est della porta di comunicazione fra il corridoio B e l'ambiente D (fig. 71), ma al momento del rinvenimento furono messi in luce frammenti della predella anche sul pilastro ad ovest della porta, staccati a causa del forte stato di degrado.
La prima figura da sinistra della predella – quella ancora in situ – è un gladiatore rivolto verso sinistra, che sembra impugnare uno scudo tondo di cui è appena visibile il bordo inferiore (fig. 72); manca tutta la parte superiore, dalla vita in su. Anche il secondo gladiatore è rivolto a sinistra ed imbraccia un piccolo scudo circolare di colore giallo, di cui è visibile solo il bordo inferiore. Il terzo gladiatore, per quanto anch'esso lacunoso nella parte superiore del corpo, è quello meglio conservato, e di esso si possono cogliere numerosi dettagli. La figura avanza verso destra, la gamba sinistra è piegata in avanti e l'altra è tesa e arretrata. Indossa il *subligaculum* di colore bianco, fermato in vita da una cintura (*balteus*) rossa. La gamba sinistra è munita di un alto gambale (*ocrea*), che termina sotto il ginocchio. La gamba destra è invece protetta al ginocchio da un'alta fascia verde (*fascia*), stretta da lacci rossi; alla caviglia della stessa gamba egli indossa un particolare gambaletto, che arriva fin quasi al polpaccio. Il personaggio è munito di una corta spada, impugnata con la mano destra; al braccio corrispondente sembra indossare la *manica*. Purtroppo in questa raffigurazione mancano sia la parte superiore del corpo del gladiatore sia il suo avversario, per cui è difficile determinare con precisione a quale categoria appartenesse. Pur con le dovute riserve è forse possibile identificare nel gladiatore raffigurato un *murmillo* o un *secutor*, per la presenza dell'*ocrea* e del *gladius*, tipici di queste classi gladiatorie. Alla sua destra è appena distinguibile un tavolo (?) su cui è poggiato un vaso di colore rosso.

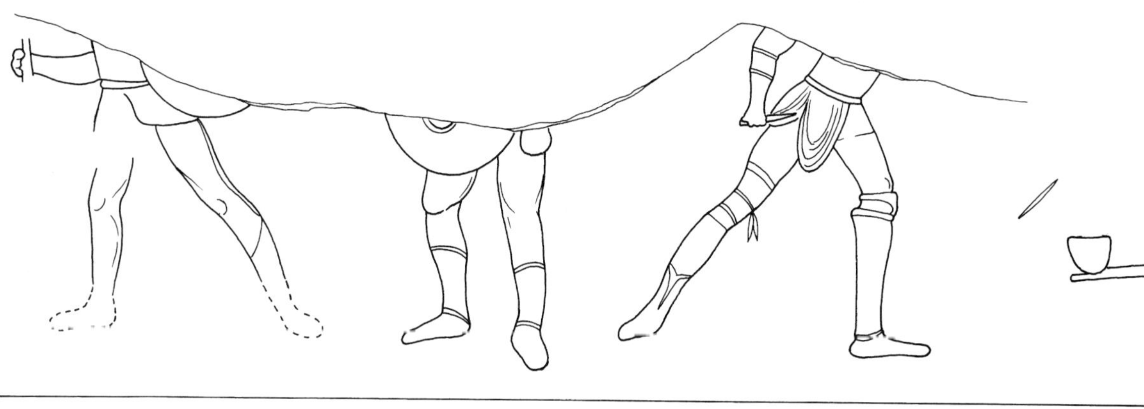

72. Pompei, Terme Suburbane. Disegno della predella all'estremità est del corridoio B.

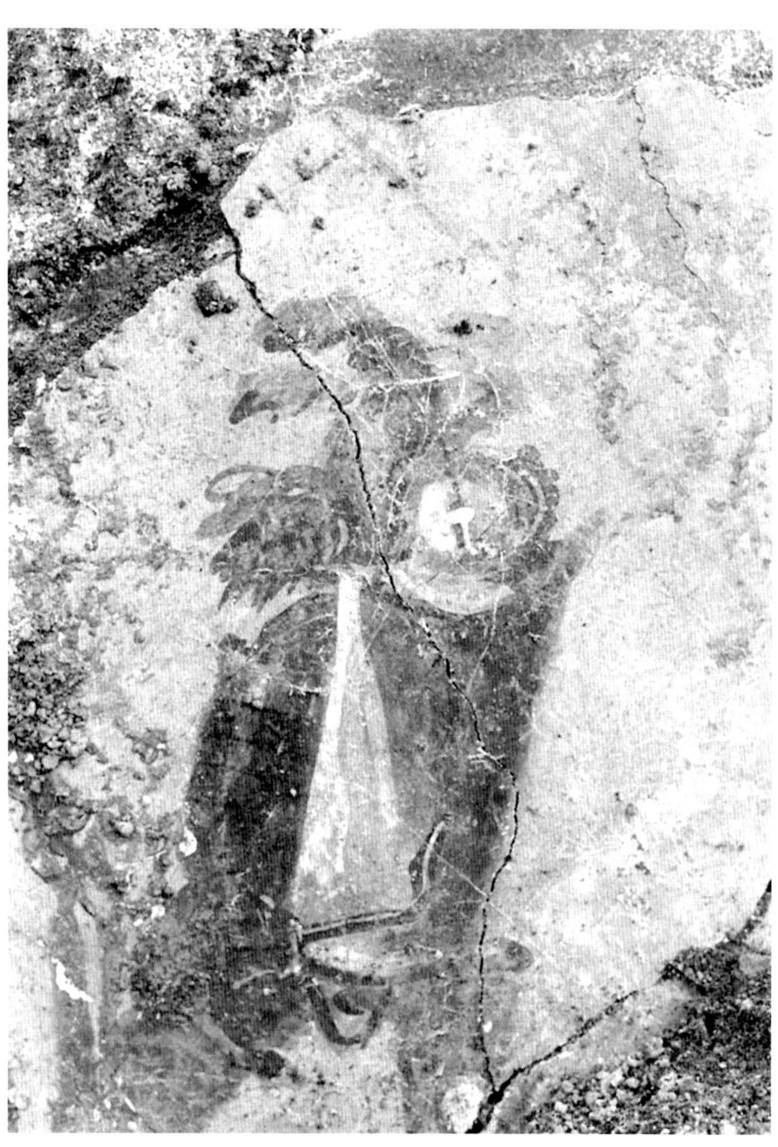

73. Pompei, Terme Suburbane, corridoio B. Raffigurazione di un gladiatore trace (I sec. d.C.).

Come già accennato, la teoria dei gladiatori continuava anche sul lato ad ovest del vano d'ingresso all'ambiente D (fig. 71). Nel primo gladiatore da est è forse possibile individuare un *thraex* (fig. 73). Egli è raffigurato di tre quarti, rivolto a destra; il volto è interamente coperto da un elmo a visiera provvista di piume rosse. Il braccio destro è protetto da una *manica* che arriva fin quasi alla spalla. Con la mano corrispondente impugna una spada a lama angolata (*sica*), che costituisce uno degli elementi di identificazione di questa classe insieme alle *ocreae,* i gambali che arrivano alle cosce di entrambe le gambe. Dell'avversario è visibile solo un lungo scudo rettangolare dietro al quale l'uomo si protegge, ed un elmo a calotta giallo gli copre il capo.
Nella zona sovrapposta alla predella compaiono ancora scene gladia-

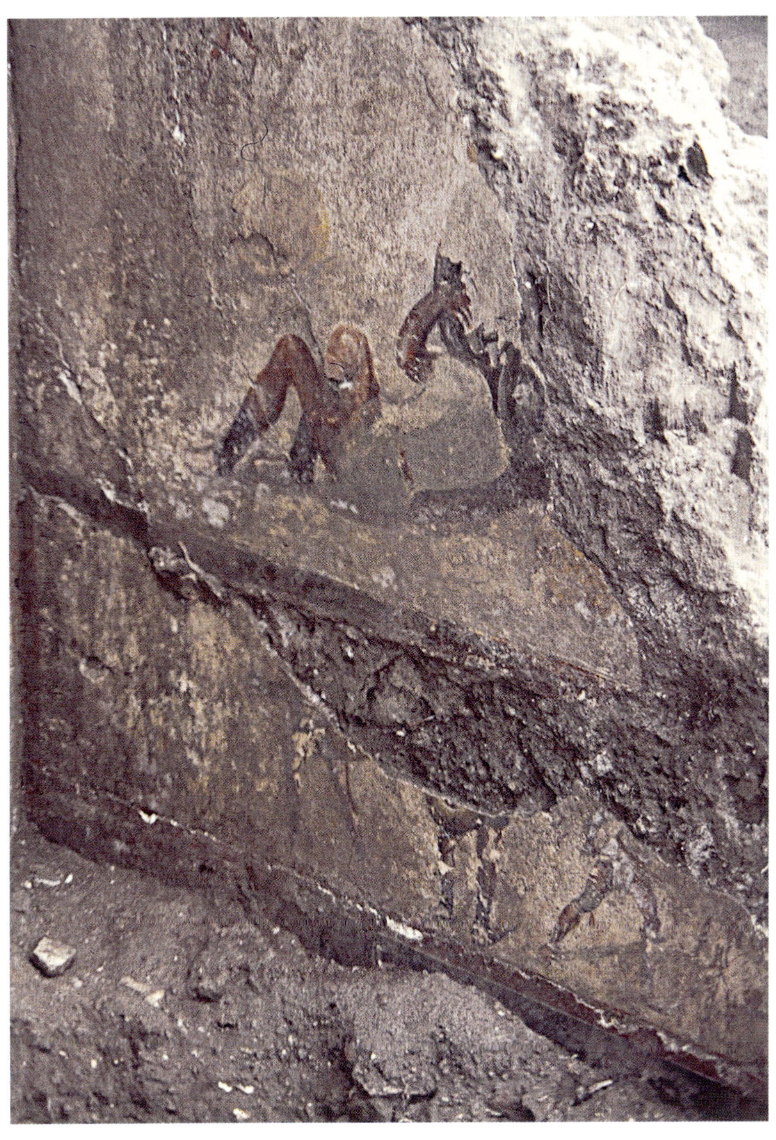

torie su fondo bianco, molto danneggiate e lacunose a causa del crollo della muratura, e conseguentemente dell'intonaco (fig. 74). Le figure di questa seconda fascia hanno dimensioni maggiori di quelle della fascia sottostante. In primo piano è un gladiatore è riverso a terra; le gambe piegate sono munite di gambaletti scuri che arrivano al polpaccio. Indossa una corta tunica bianca stretta in vita da una fascia rossa; porta un elmo con visiera; il braccio sinistro è piegato e sembra impugnare un oggetto scuro e ricurvo, la cui individuazione è molto difficile a causa delle cattive condizioni dell'affresco. Al momento dello scavo erano appena distinguibili in alto a sinistra dell'affresco due figure che combattevano sullo sfondo, ed uno scudo circolare giallo, forse abbandonato dal gladiatore vinto.

74. Pompei, Terme Suburbane, corridoio B. Predella e zona superiore con scene di gladiatori (I sec. d.C.).

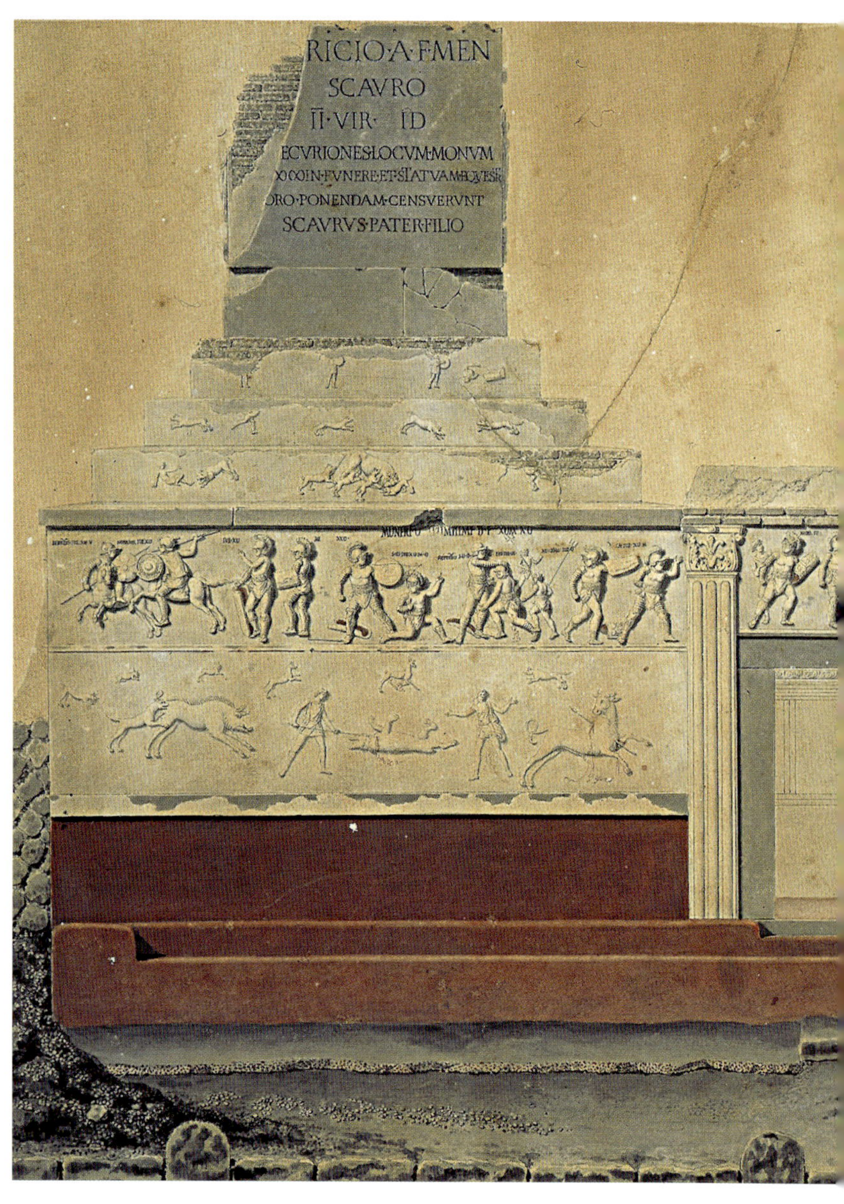

Le raffigurazioni pittoriche di gladiatori nelle tombe

Necropoli di porta Ercolano. Tomba di Umbricio Scauro

Nei primi anni dell'ottocento nella Necropoli di Porta Ercolano venne alla luce un importante rilievo in stucco e pittura ritenuto pertinente al sepolcro del duoviro *A. Umbricius Scaurus* in base ad un'epigrafe (CIL X, 1024). Si trattava di scene di *venationes* e di lotte tra gladiatori che, in fregi sovrapposti, ornavano l'alto podio del sepolcro. Anche di questo importante ciclo non restano che i disegni ese-

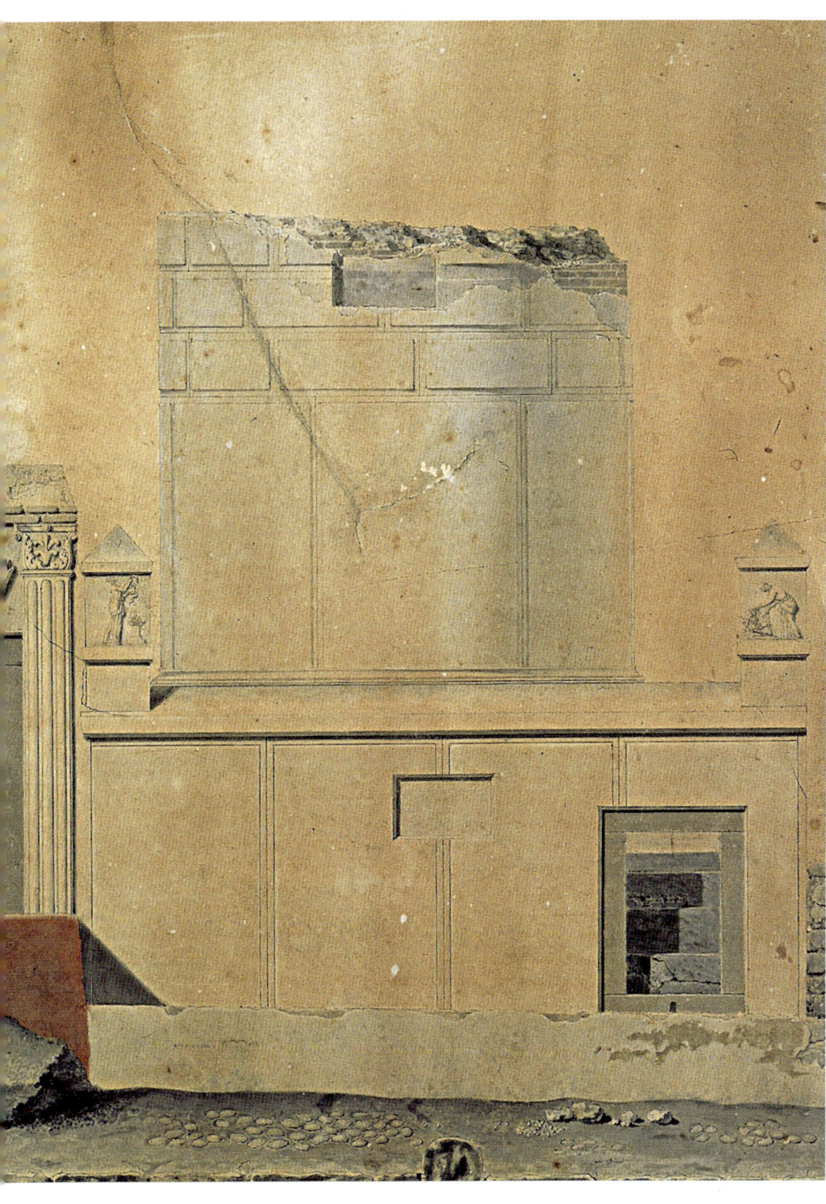

75. Pompei, Necropoli di Porta Ercolano. Disegno della tomba 17 s detta di Umbricio Scauro (ADS 1118).

guiti all'epoca dello scavo (fig. 75). Un lungo fregio correva sulla parte alta del monumento funerario e al di sopra della porta d'ingresso alla camera sepolcrale. In esso erano raffigurati otto coppie (*paria*) di gladiatori, impegnati in varie fasi del combattimento. Le armi dei gladiatori non erano raffigurate forse perché realizzate in metallo e applicate a parte sul fregio, per cui l'individuazione della classe di appartenenza non è sempre sicura. La prima coppia da sinistra era costituita da *equites*, che combattevano a cavallo; seguiva una coppia di gladiatori con armature simili, in una pausa del combattimento. C'era poi una coppia costituita da un oplomaco (?) e un murmillo quin-

di una scena di non facile interpretazione che mostrava in primo piano due *secutores* che combattevano fra loro, e in secondo piano due retiarii. La coppia successiva era costituita da un trace e un murmillo. Il fregio continuava sulla porta e mostrava un murmillo trattenuto da un uomo in tunica (assistente?, lanista?), quindi un trace vinto dal gladiatore precedente, e l'ultima coppia costituita da un trace vittorioso su un murmillo. Accanto a ciascun gladiatore, secondo un uso diffuso su questo genere di monumenti, era dipinto il nome, la scuola di appartenenza, l'indicazione delle *pugnae* già sostenute e l'esito del combattimento. Questi dati indicano che lo spettacolo raffigurato si era realmente svolto. Sopra e sotto il fregio con i gladiatori erano scene di *venatio* con uomini che lottavano o incitavano cinghiali, leoni, pantere ed orsi.
Il sepolcro è datato fra la tarda età neroniana e l'epoca flavia.
Sopra le raffigurazioni era una iscrizione dipinta che faceva riferimento a ludi gladiatori organizzati da *Numerius Festius Ampliatus* (CIL IV, 1182). Poiché è apparso difficile correlare il duoviro Umbricio Scauro con *Festius Ampliatus*, si è ipotizzato che l'epigrafe di Scauro fosse stata ricollocata su questa tomba per errore, e che il monumento sepolcrale fosse invece appartenente proprio a *Numerius Festius Ampliatus*, famoso organizzatore di spettacoli gladiatori (cfr. p. 45) La Sabbatini Tumolesi ha invece supposto che l'epigrafe fosse pertinente proprio a questa tomba e farebbe riferimento allo spettacolo gladiatorio organizzato da *Festius Ampliatus* in occasione dei funerali di Umbricio Scauro, secondo l'uso primitivo – ma non del tutto decaduto – di offrire *munera* in omaggio al defunto.

Necropoli di Porta Vesuvio. Tomba di Vestorio Prisco

Fra il 1907 e il 1910, a nord della Porta Vesuvio, furono riportati alla luce quattro sepolcri monumentali. Tra questi c'era la tomba dell'edile *C. Vestorius Priscus*, morto a ventidue anni, fatta costruire dalla madre Mulvia Prisca, poco prima dell'eruzione del 79 d.C. La tomba, costituita da un altare su alto basamento cubico, era circondata da un recinto in muratura. All'interno si conserva una ricca decorazione pittorica che contrasta con l'architettura modesta del monumento. Le pitture sono in parte decorative, in parte riferite ad episodi della vita pubblica e privata del defunto. Sulla porzione di muro a sinistra dell'ingresso del recinto è raffigurata una coppia di gladiatori su fondo rosso scuro (fig. 76). Il gladiatore raffigurato a sinistra - un *thraex*- ha avuto la meglio sul suo avversario. Poggia sulla gamba sinistra ed ha la gamba destra piegata in avanti. Nella mano sinistra ha uno scudo, nella mano destra, rivestita di *manica*, ha un'arma, oggi non più visibile, ma identificata, all'epoca dello scavo con una *sica*. Indossa il *subligaculum* e sul torso una specie di maglia trasparente, o velo dai riflessi bianchi e azzurri. Le gambe sono munite di alti gambali (*ocreae*) e le cosce sono avvolte in fasce variamente decorate. Porta un elmo con orlo ondulato e terminante forse in una protome di grifone, con ampio pennacchio giallo. Ha una visiera che gli copre la faccia con fori per gli occhi. Il suo avversario, generalmente identificato come un *oplomachus*, è caduto sul suo scudo e cerca di tenersi su puntando il braccio sinistro. Nella mano

76. Pompei, Necropoli di Porta Vesuvio. Tomba di Vestorio Prisco. Affresco con gladiatori (I sec. d.C.).

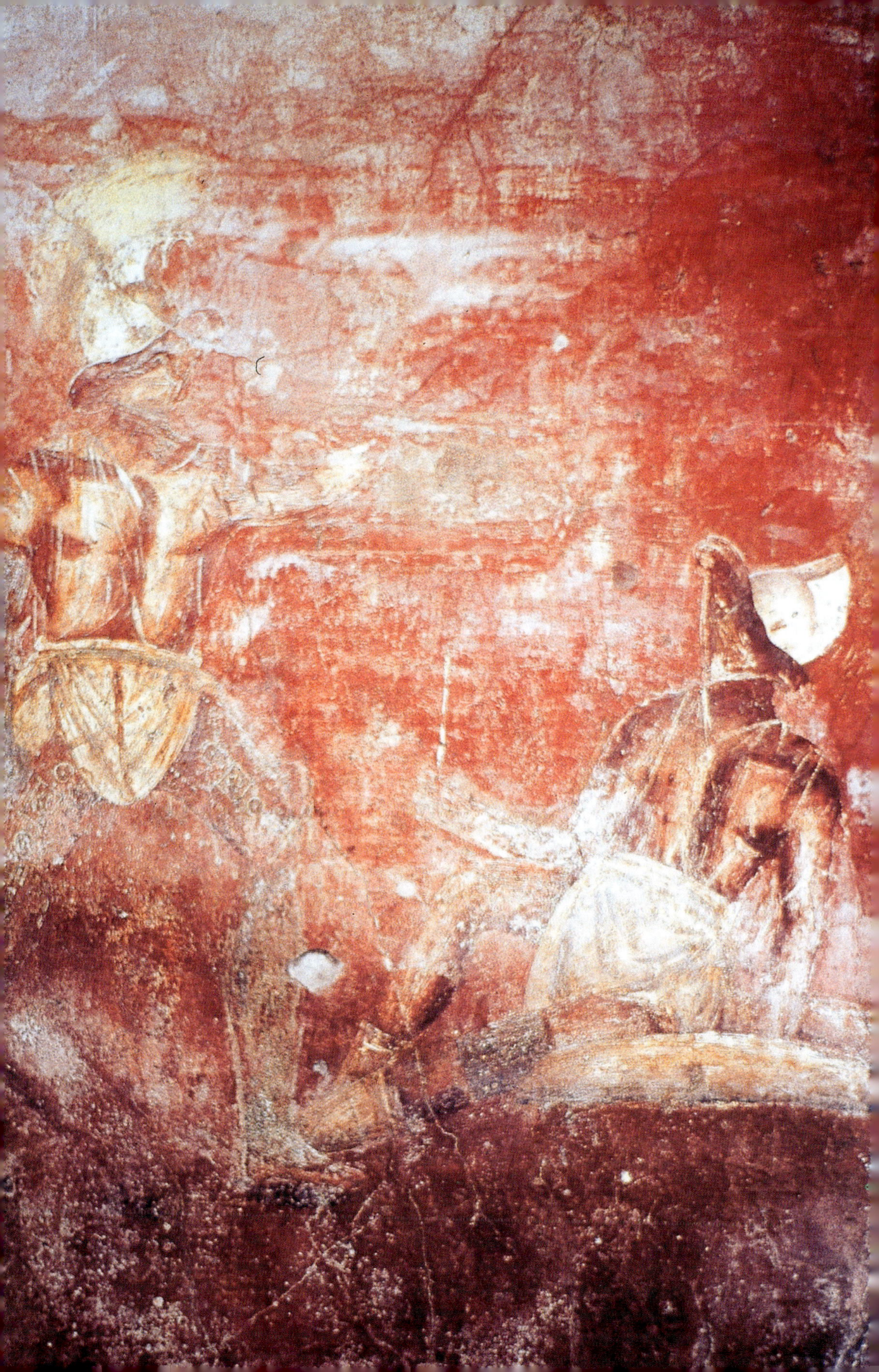

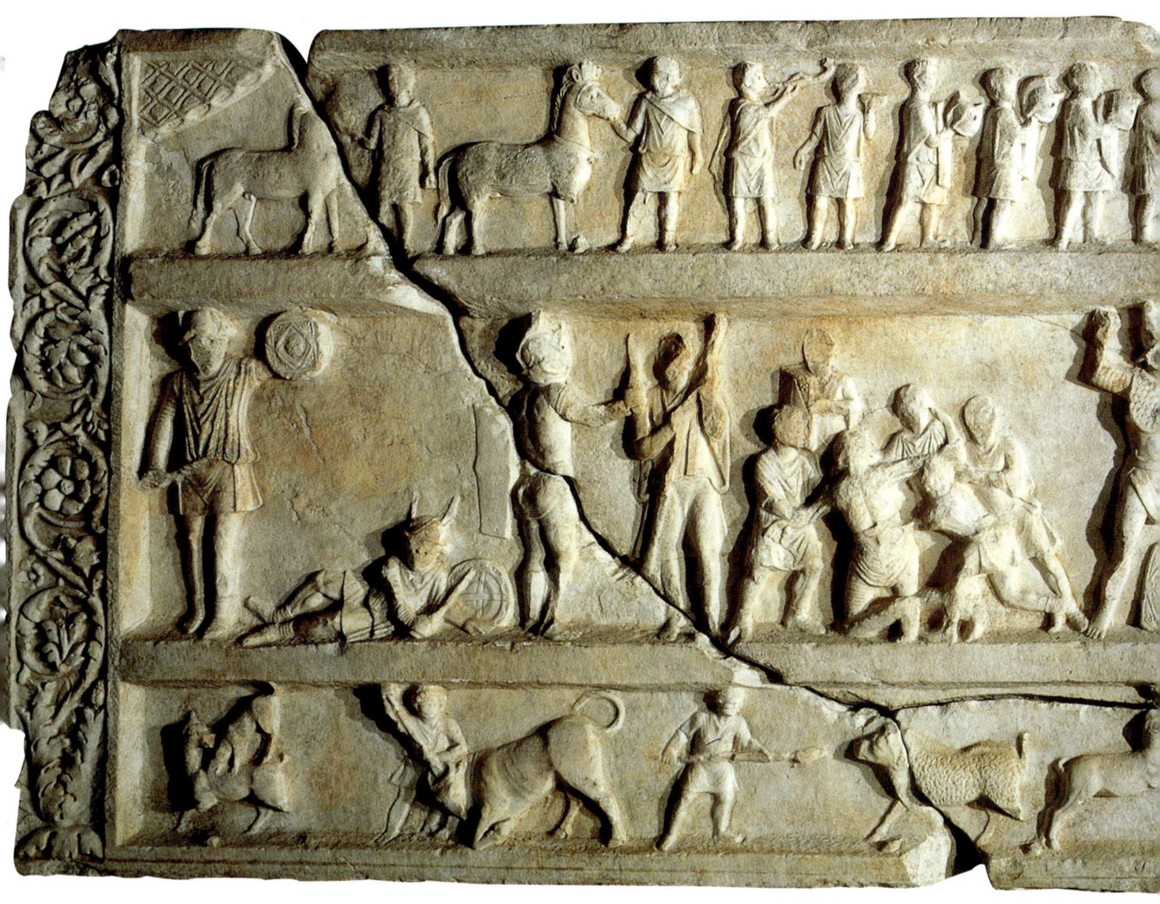

77. Napoli, Museo Archeologico Nazionale (inv. 6704). Rilievo proveniente dalla Necropoli di Porta Stabia (20-50 d.C.).

destra sembra stringere un pugnale o una corta spada (*gladius*) e non è possibile riconoscere la presenza o meno della *manica* al braccio corrispondente. Calza corti stivali e porta una fascia decorata intorno al ginocchio sinistro; indossa il *subligaculum* tenuto dal *balteus* ed il torso è ricoperto dallo stesso tipo di tunica trasparente dell'avversario. Porta un elmo con orlo ondulato con cresta angolare e protezione sul viso. Lo scudo rettangolare fortemente curvato e il tipo di elmo potrebbero far identificare questo gladiatore con un murmillo piuttosto che con un oplomaco. Sulla contigua parete sud del recinto, era raffigurato un paesaggio montuoso in cui grossi felini rincorrevano altri animali. Si è pensato che questa pittura, insieme con la raffigurazione di gladiatori, ricordasse un *munus* organizzato da Vestorio Prisco in qualità di edile.

Rilievo dalla necropoli di Porta Stabia

Nel 1843 fuori Porta Stabia furono riportate alla luce un monumento funerario a sedile rettangolare con iscrizione del duoviro *Cn.* o *N. Clovatius*, ed un rilievo marmoreo con raffigurazioni gladiato-

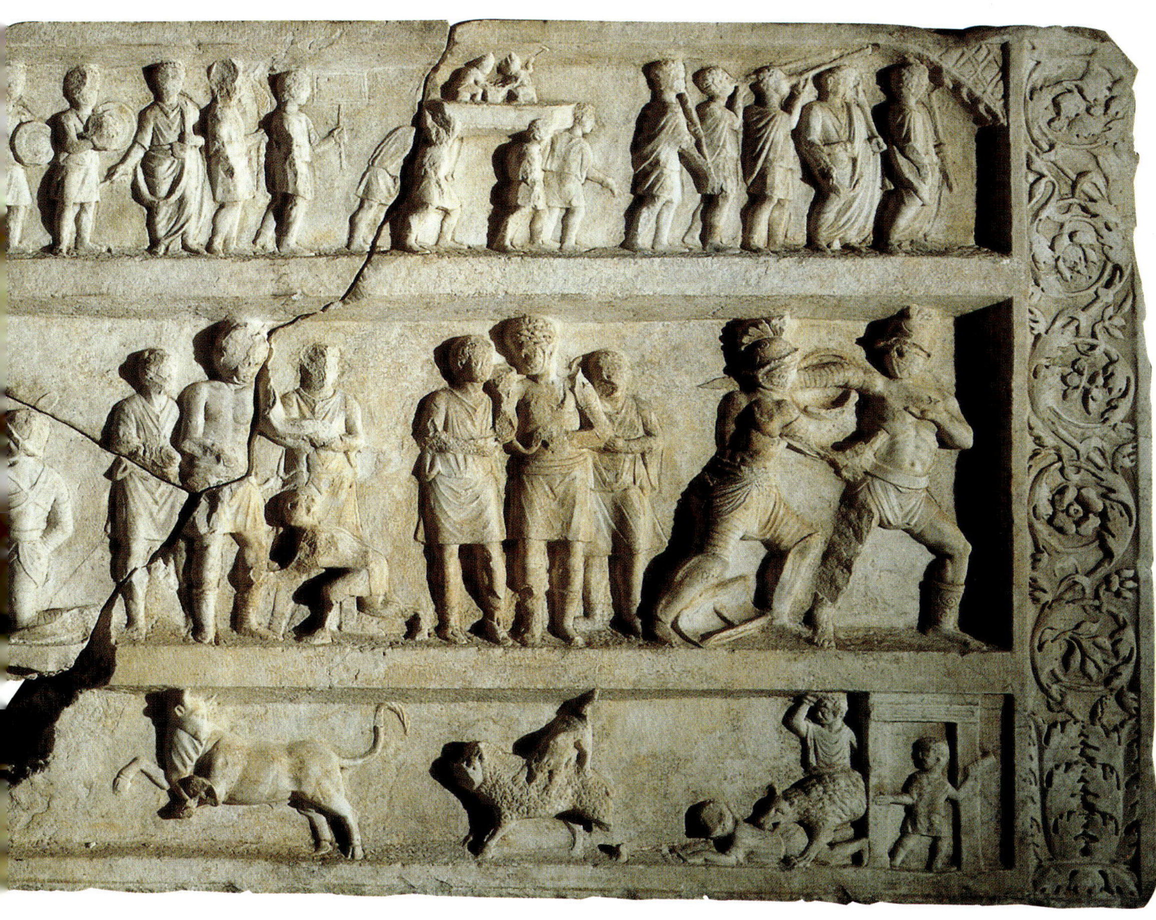

rie, ora al Museo Nazionale di Napoli. Nella stessa zona erano venuti alla luce resti di un'iscrizione, oggi perduta, che ricordava gli spettacoli anfiteatrali fatti eseguire dal magistrato *A. Clodius Flaccus* (CIL X, 1074) (cfr. *infra*, p. 42). Alcuni studiosi ritennero dunque che il rilievo facesse parte della tomba di *Clodius Flaccus*, altri invece pensarono che fosse pertinente al monumento funerario di *Cn. Clovatius*. Le informazioni date all'epoca dello scavo non permettono di assegnare con sicurezza il rilievo a nessuno dei personaggi citati, e pertanto il problema della provenienza e della pertinenza del rilievo rimane aperto. La sua datazione dovrebbe collocarsi all'età giulio-claudia.

Il rilievo (lungh. m. 4,23; alt. m. 1,50) si compone di due lastre di marmo combacianti (fig. 77). Le raffigurazioni sono disposte su tre zone sovrapposte di diversa altezza, separate da un listello, che costituisce anche il piano di posa per le figure. Nelle tre fasce sono riprodotti, in sequenza cronologica, tre momenti del *munus*. In quella superiore è stata riconosciuta la cerimonia di apertura dei giochi che prevedeva il controllo delle armi eseguito dallo stesso *editor* (*probatio armorum*). La sfilata è aperta da due littori e da tre suonatori,

seguiti da un gruppo che porta sulle spalle un *ferculum* su cui sono due fabbri seduti uno di fronte all'altro. Secondo Bianca Maiuri, questa scena di mestiere serviva ad esaltare a scopo pubblicitario l'officina che aveva prodotto le armi. Seguono gli *harenarii* (personale dell'arena), il primo con una tabella sulla quale probabilmente veniva indicata la data dello spettacolo e il nome dell'*editor* che l'aveva offerto, il secondo con la palma destinata al vincitore. Segue un personaggio togato, forse proprio l'*editor muneris*, dietro al quale è la fila degli *harenarii* che portano le armi dei gladiatori (elmi e scudi). Chiudono la processione un suonatore di corno e due *harenarii* che tengono per le briglie un cavallo bardato a festa.
Nella seconda fascia, quella mediana, cinque gruppi di gladiatori sono impegnati nel combattimento. Il primo gruppo è rappresentato da due gladiatori con tunica, il gladiatore vittorioso è in piedi e solleva il piccolo scudo circolare in segno di vittoria. Il suo avversario, steso a terra, impugna ancora la spada in attesa del verdetto. I due gladiatori sono vestiti allo stesso modo, e dunque appartengono alla stessa classe, probabilmente quella degli *equites*, che concludevano il loro combattimento appiedati. Il secondo gruppo è composto da un murmillo vittorioso, che attende di essere proclamato vincitore o di riprendere il combattimento. Accanto a lui è l'arbitro. Il gladiatore sconfitto, un *thraex*, è raffigurato di spalle, in ginocchio, sostenuto da cinque assistenti, mentre un quinto ha raccolto il suo scudo. Il terzo gruppo è rappresentato da due gladiatori con identica armatura: il *subligaculum* e un pettorale a squame al centro del quale è effigiata una testa di gorgone, tenuto da due fasce incrociate sulla schiena. Sul capo recano un elmo con tesa breve davanti e lunga alla nuca, fornito di penna. La gamba sinistra sembra protetta da un alto gambale, e la mano destra da una *manica*. Il confronto con altre raffigurazioni – in particolare un rilievo con gladiatori del Museo Nazionale Romano (inv. 126119) (fig. 13), fa individuare i due combattenti come appartenenti alla classe dei *provocatores*. Il quarto gruppo raffigura una scena di sosta nel combattimento. Il gladiatore a sinistra, sostenuto da due *harenarii*, protende la gamba ferita alle cure di un terzo *harenarius*. L'antagonista, anch'esso affiancato da due assistenti, si appresta a bere nella coppa che gli viene offerta da uno di essi. La presenza del *galerus* a protezione del braccio e della spalla sinistra, in entrambi i gladiatori li ha fatti riconoscere come appartenenti alla categoria dei *laquerarii*. Di questo tipo di gladiatore si hanno poche informazioni (Isidoro di Siviglia, *Origines*, XVIII, 56), ma sembra che, al pari dei *retiarii* fossero forniti di *galerus*. L'ultima coppia ripropone il combattimento fra un *thraex e un* murmillo, colpito al torace dall'avversario.
La zona inferiore del rilievo riproduce scene di combattimento fra uomini e animali (*bestiarius* e toro; *bestiarius* e cinghiale) e animali fra loro (cane e capriolo; cerbiatto e toro; cane e cinghiale). Nell'ultima scena è raffigurato un orso appena uscito da una porta che ha già addentato il *bestiarius*, mentre i due assistenti si allontanano impotenti fra gesti di disperazione. Gli animali rappresentati in queste scene di *venatio* sono probabilmente quelle che realmente combattevano nell'anfiteatro di Pompei. Si tratta di una fauna prevalentemente appenninica, facile da reperire e da custodire, e a cui si fa cenno anche nei programmi dei *munera*.

Necropoli di Porta Nocera. Tomba 2 EN

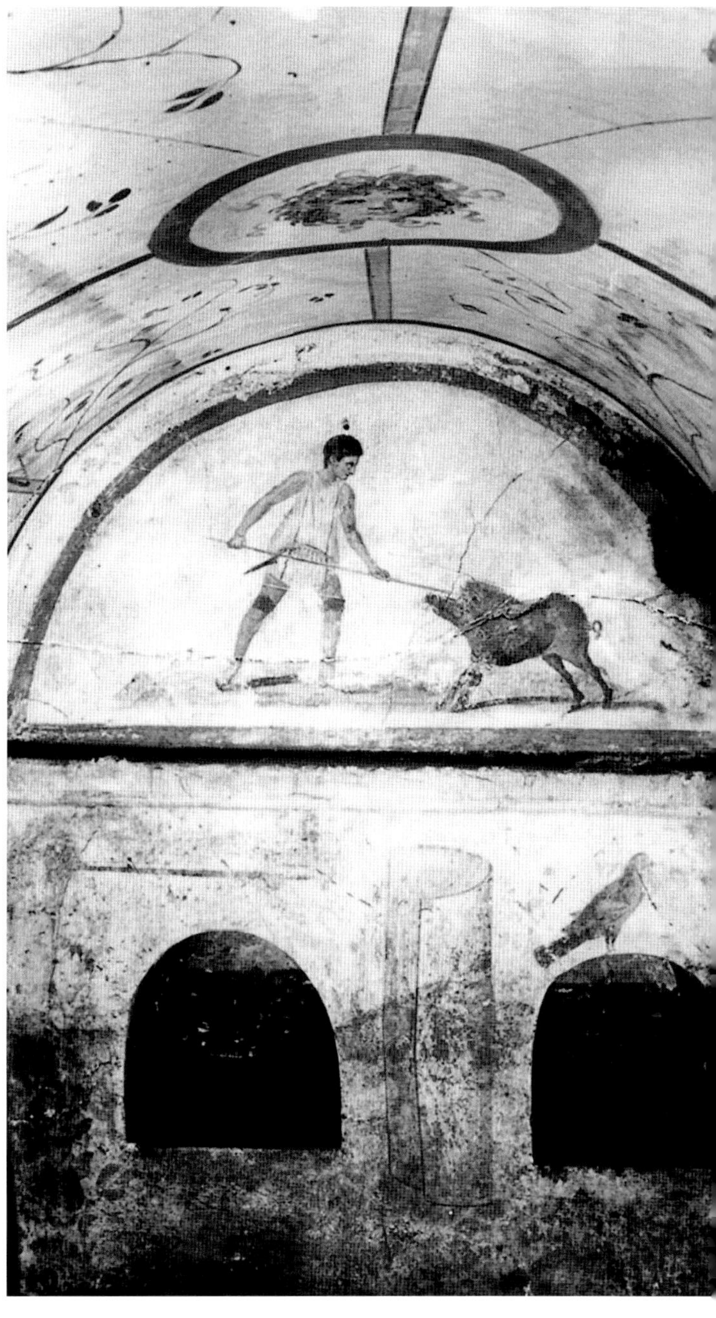

La tomba fu esplorata in più riprese alla metà degli anni Cinquanta. Si tratta di una tomba a camera con altare a gradini, databile ad età tardo-neroniana, o flavia. All'interno, sulla lunetta è raffigurato un giovane vestito con una corta tunica, armato di pugnale e lancia, nell'atto di affrontare un cinghiale (fig. 78). Sotto la lunetta, accanto ad una nicchia, è raffigurato un grosso scudo rettangolare convesso (*scutum*). Mancano dati epigrafici che possano identificare il titolare della tomba, ma i dati pittorici potrebbero far supporre che si fosse trattato di un combattente dell'arena. In altri siti, come per esempio a Nimes, sono state scoperte delle necropoli di gladiatori non lontano dall'Anfiteatro. Purtroppo questo dato non è emerso per Pompei. L'alta densità abitativa proprio nei pressi dell'Anfiteatro non ha infatti consentito che in minima parte la messa in luce delle necropoli su questo lato.

Sebbene le pitture con gladiatori a Pompei siano andate in gran parte perdute, è possibile ricavare dei dati interessanti grazie alle descrizioni degli archeologi che le scoprirono e ai disegni realizzati al momento dello scavo. Queste raffigurazioni potevano trovarsi in edifici pubblici, monumenti funerari, case private e taverne. Ma qual'era la loro funzione? Possiamo considerarle come un semplice tema decorativo o è possibile attribuire loro una funzione diversificata a seconda dell'edificio di provenienza? Abbiamo visto che le pitture gladiatorie poste nell'Anfiteatro erano correlate a ciò che lì si svolgeva. Più discussa è la funzione che queste pitture ebbero nei monumenti funerari. Alcuni studiosi ritengono che queste scene alludessero all'antico uso di tenere giochi in occasione dei ri-

78. Pompei, Necropoli di Porta Nocera, Tomba 2 EN (I sec. d.C.).

ti funebri, ma questa consuetudine era già decaduta all'epoca in cui furono realizzati i rilievi funerari pompeiani. Altri studiosi, più verosimilmente, vedono in queste raffigurazioni il ricordo di spettacoli realmente svoltisi grazie alla munificenza dei titolari del sepolcro. Esse sarebbero opere commemorative della liberalità del defunto, che in qualità di magistrato aveva offerto spettacoli tanto sfarzosi da essere eternati sul proprio monumento funerario. Questa circostanza sembrerebbe confermata anche dalla precisa menzione del nome dei duellanti e dall'esito del duello, che compaiono in gran parte di queste rappresentazioni. Infine una terza ipotesi è che le pitture non abbiano avuto un contenuto funerario ma esclusivamente rappresentativo, al pari delle stesse raffigurazioni in contesti domestici. Esse insomma servivano ad allietare il morto, così come lo avevano allietato in vita. In ogni caso tutte le ipotesi concordano nel considerare pertinenti alla élite cittadina le raffigurazioni gladiatorie in ambito funerario.

Per quanto riguarda invece la presenza delle pitture gladiatorie nelle case e negli edifici pubblici, l'ipotesi è che si verificasse una situazione inversa a quella ora descritta per le tombe. Considerate come tipici prodotti di arte 'popolare', tali immagini connoterebbero generalmente le case in cui esse si trovano come abitazioni di ceti medio-bassi, se non dimore degli stessi gladiatori; ugualmente la loro presenza in taverne o in edifici termali sarebbe indizio della frequentazione di una clientela di basso rango. È probabile che in alcune taverne (IX 9, 8 e IX 12, 7) queste raffigurazioni servissero a richiamare i gladiatori acquartierati nelle vicinanze, ma il problema appare più articolato soprattutto per quanto riguarda la presenza di quadri con gladiatori in contesti domestici.

Nelle case private di Pompei le pitture gladiatorie decoravano soprattutto atri (VIII 5, 37; IX 9, d), vestiboli (I 7, 7), corridoi (VIII 4, 4-49) e peristili (I 3, 23; VIII 7, 24). Si tratta sempre di ambienti in prossimità dell'ingresso e/o di passaggio, così come è attestato nel *Satyricon* per la casa di Trimalcione. È probabile che queste raffigurazioni rispondessero al gusto del committente e alla moda del momento. La loro collocazione può indicare che il tema non era considerato all'altezza di figurare in ambienti di rappresentanza come i quadri mitologici di derivazione greca, ma che appagasse il gusto del proprietario di casa, forse più a suo agio di fronte a tematiche squisitamente romane come i giochi dell'anfiteatro. In ogni caso sembra rischioso tentare di stabilire il grado di cultura o la pertinenza ad un dato livello sociale del padrone di casa in base alla presenza o meno di pitture a tema gladiatorio. Il gusto per tali immagini sembra attraversare tutti i livelli sociali: esse sono presenti in case di Pompei appartenenti all'élite cittadina così come in abitazioni più modeste. Anche fuori Pompei le pitture con gladiatori si trovano disseminate nei contesti più disparati. Oltre che in Italia, dipinti con scene gladiatorie come decoro di ville e di edifici pubblici sono tornati alla luce in Francia, nei Paesi Bassi, in Germania e in Gran Bretagna. In seguito poi, queste raffigurazioni saranno riprodotte anche in mosaico, e orneranno ambienti di rappresentanza di importanti dimore urbane ed extraurbane.

Alquanto anomalo appare l'uso di corredare con scene anfiteatrali un edificio termale. È stato sostenuto che la loro presenza nelle Terme Suburbane di Pompei costituisca una prova della bassa condizione sociale dei clienti che frequentavano lo stabilimento balneare. Forse, però, è possibile avanzare un'altra ipotesi. I clienti che venivano a bagnarsi nelle Terme fuori Porta Marina percorrevano il corridoio d'accesso allietati dalle immagini di combattimenti gladiatori, in cui erano annotate analiticamente e a vivaci colori le armi delle diverse classi gladiatorie. Questo spettacolo, che normalmente doveva essere gradito al pubblico delle terme, avrà assunto un valore nostalgico se si ipotizza che l'esecuzione -o la fruizione- del ciclo sia da collocare cronologicamente al periodo di divieto dei giochi gladiatori a Pompei.
Il corridoio con la decorazione dei gladiatori si slargava nel vestibolo (fig. 68), ove erano raffigurati guerrieri armati, tema tipico di un ambiente termale. Nelle Terme Suburbane, quindi, sembra fondersi il motivo tradizionale dell'atleta greco, sempre presente nelle decorazioni termali, con quello dei nuovi atleti romani: i gladiatori. Questa promozione del gladiatore al rango di modello non è un fatto eccezionale, e trova il suo corrispettivo nella letteratura contemporanea. Il disprezzo per la morte mostrato dal gladiatore, il suo coraggio virile, ne spiegano il successo e l'ascesa a modello, al pari degli eroi più tradizionali.

LE RAFFIGURAZIONI GLADIATORIE SU MATERIALE VARIO: LUCERNE, VASI, STATUETTE

Gli spettacoli dell'anfiteatro hanno costituito una fonte di ispirazione particolarmente feconda non solo per la pittura e il mosaico, ma anche per molti altri oggetti. In ceramica sono particolarmente numerose le lucerne con il disco decorato con gladiatori singoli, lotte fra gladiatori, o anche con le sole armi gladiatorie. Il motivo di questo successo è evidente. La lucerna era un prodotto di uso quotidiano e utilizzato da ogni strato della popolazione. Per incontrare il favore del grande pubblico i fabbricanti di lucerne invasero il mercato con queste raffigurazioni. Alcune di queste scene sono particolarmente curate nonostante il ristretto campo a disposizione, e talvolta le figure sono anche accompagnate dai nomi dei campioni più celebri del momento. La diffusione di queste lucerne si concentra soprattutto nel I secolo d.C. e tende progressivamente a scomparire, quando la preferenza è data a soggetti non figurati. A Pompei lucerne con gladiatori sono state trovate nelle tombe e nelle case (fig. 79).
Raffigurazioni gladiatorie erano riprodotte anche su vasi a rilievo (cfr. fig. 17) che imitavano il ricco vasellame da mensa in argento, su cui, come testimonia anche Petronio nel *Satyricon*, trovava posto anche questo tipo di decoro. Da Pompei proviene un vaso bronzeo (situla) di eccezionale livello artistico, ove due figurine di gladiatori con gli scudi intrecciati, sono applicate all'altezza dell'ansa (fig. 80).
Una singolare statuetta bronzea appartiene ad una classe di oggetti con funzione apotropaica. Si tratta di una grottesca figura di gladiatore / bestiario che combatte contro il suo stesso fallo trasformato in

pantera (fig. 81). Alla figura sono sospesi dei campanelli bronzei. Questi oggetti (*tintinnabula*) venivano appesi agli ingressi delle case e delle botteghe per buon augurio. Esistono anche statuette in terracotta che raffigurano gladiatori. Da Pompei provengono due esemplari ritrovati nella tomba detta 'del vaso blu' (Tomba Nord 8) della necropoli di Porta Ercolano, ora al Museo Nazionale di Napoli (fig. 82). Entrambe le statue raffigurano un gladiatore che avanza verso destra, le gambe sono coperte da *ocreae,* vestite con il *subligaculum* ed con elmo crestato. I gladiatori sono provvisti di *manicae* e stringono nella mano destra il gladio. Un gladiatore imbraccia uno lungo scudo rettangolare, l'altro un piccolo scudo tondo (*parmula*). Altre statuette simili, provenienti dalla casa di *Marcus Lucretius*, sono conservate al Museo Archeologico Nazionale (fig. 82). Queste statuette sono state interpretate come doni votivi offerti in occasione delle feste dei Saturnali che si celebravano all'inizio del nuovo anno.

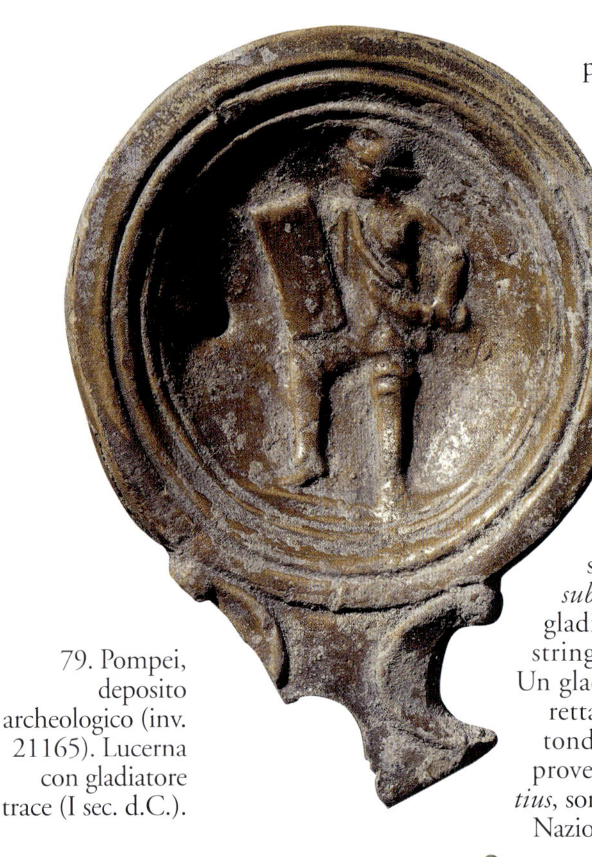

79. Pompei, deposito archeologico (inv. 21165). Lucerna con gladiatore trace (I sec. d.C.).

80. Napoli, Museo Archeologico Nazionale (inv. 73146). Situla in bronzo con figurine di gladiatori applicati come anse.

Una interessante scultura in tufo riproducente un gladiatore (alt. cm. 121) fu trovata nella cosidetta Caupona del Gladiatore (I 20, 1) (fig. 83). L'edificio si trova nelle vicinanze dell'Anfiteatro, non lontano da Porta Nocera. E' un'osteria con annessa vigna, di un tipo piuttosto diffuso in questa zona sud-orientale di Pompei.

A sinistra dell'ingresso è una vasca per pigiare l'uva con i piedi, una tecnica che produceva un vino particolarmente dolce e delicato. Accanto furono trovati quattro *do-*

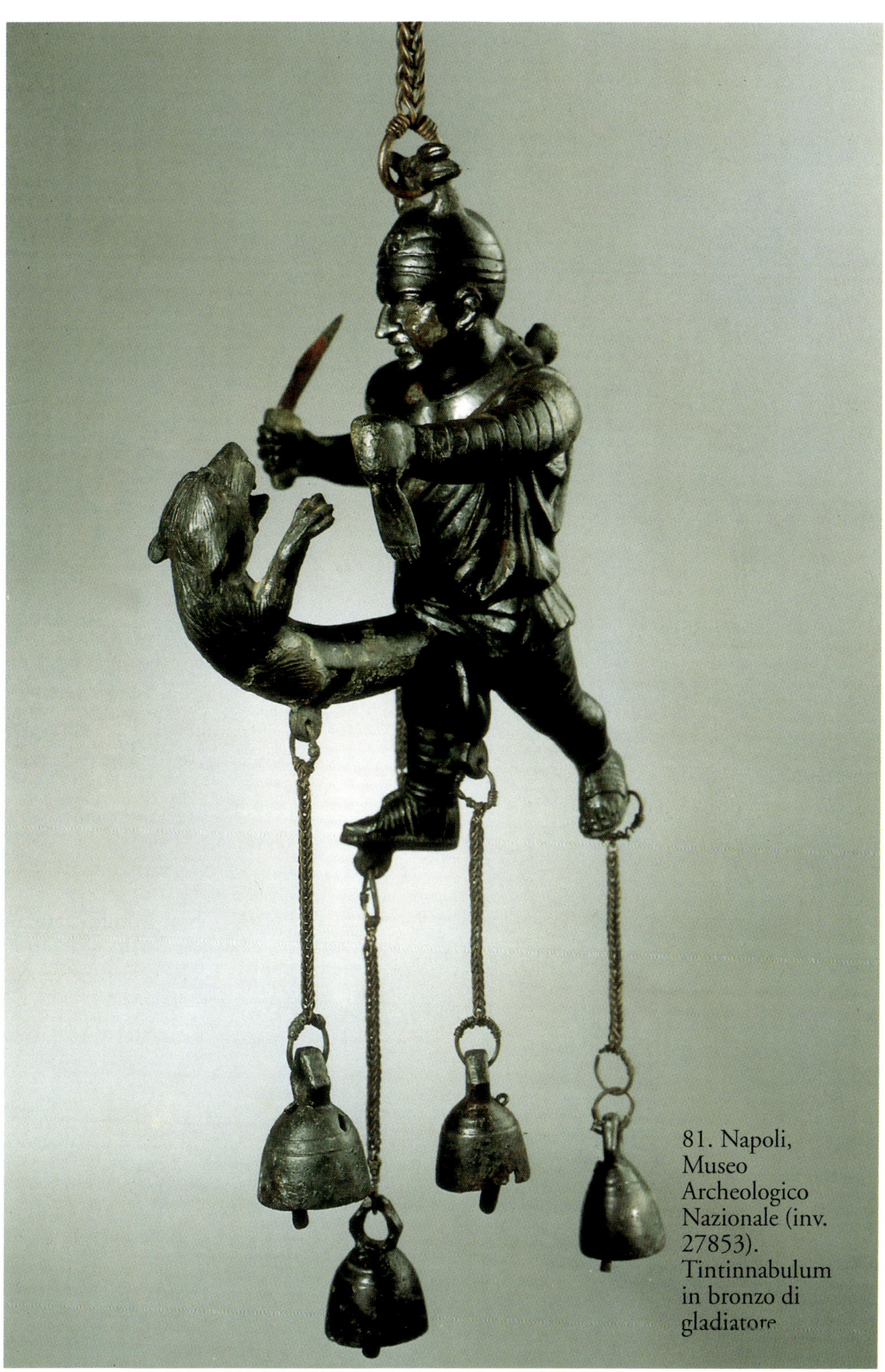

81. Napoli, Museo Archeologico Nazionale (inv. 27853). Tintinnabulum in bronzo di gladiatore

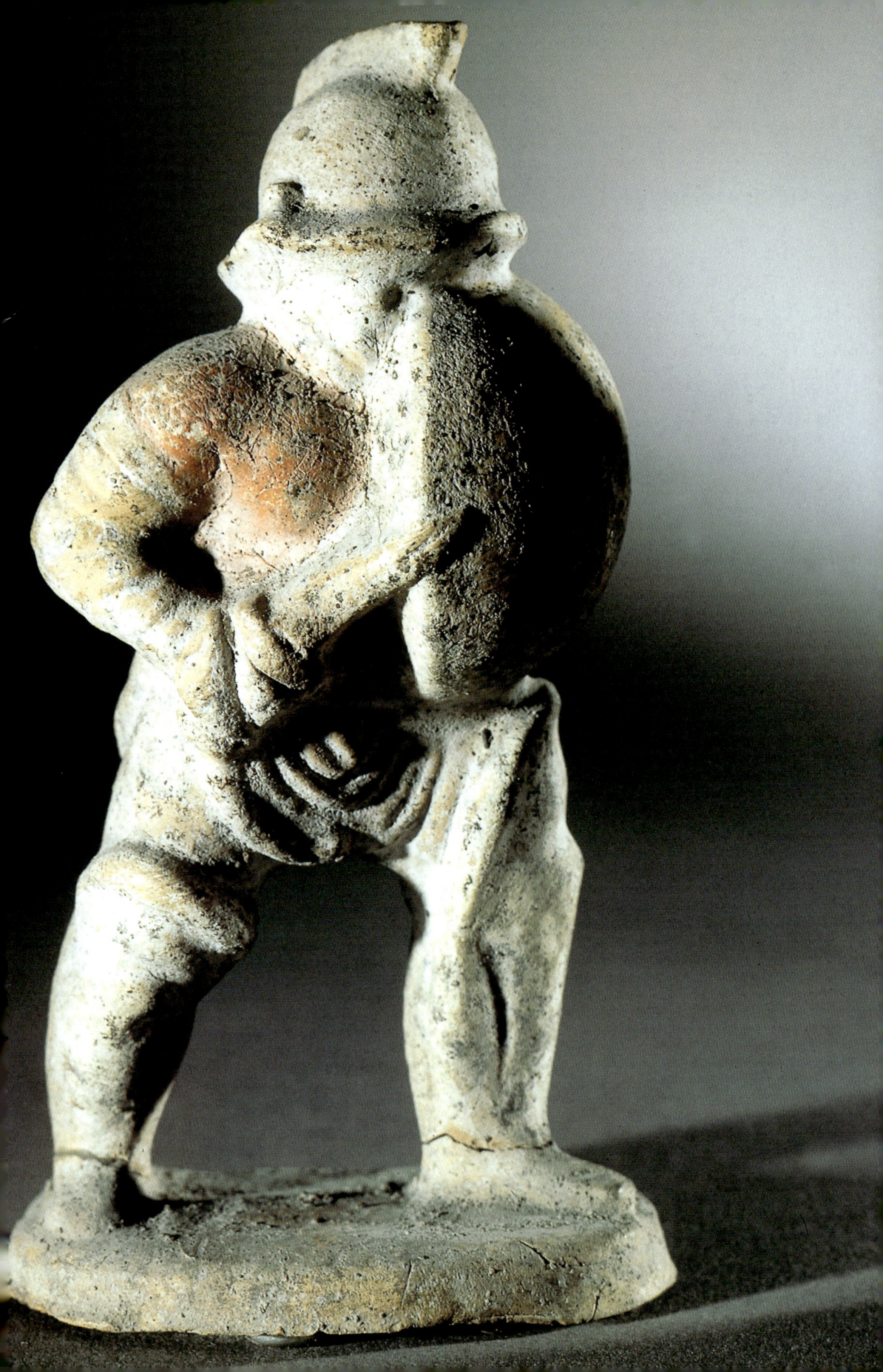

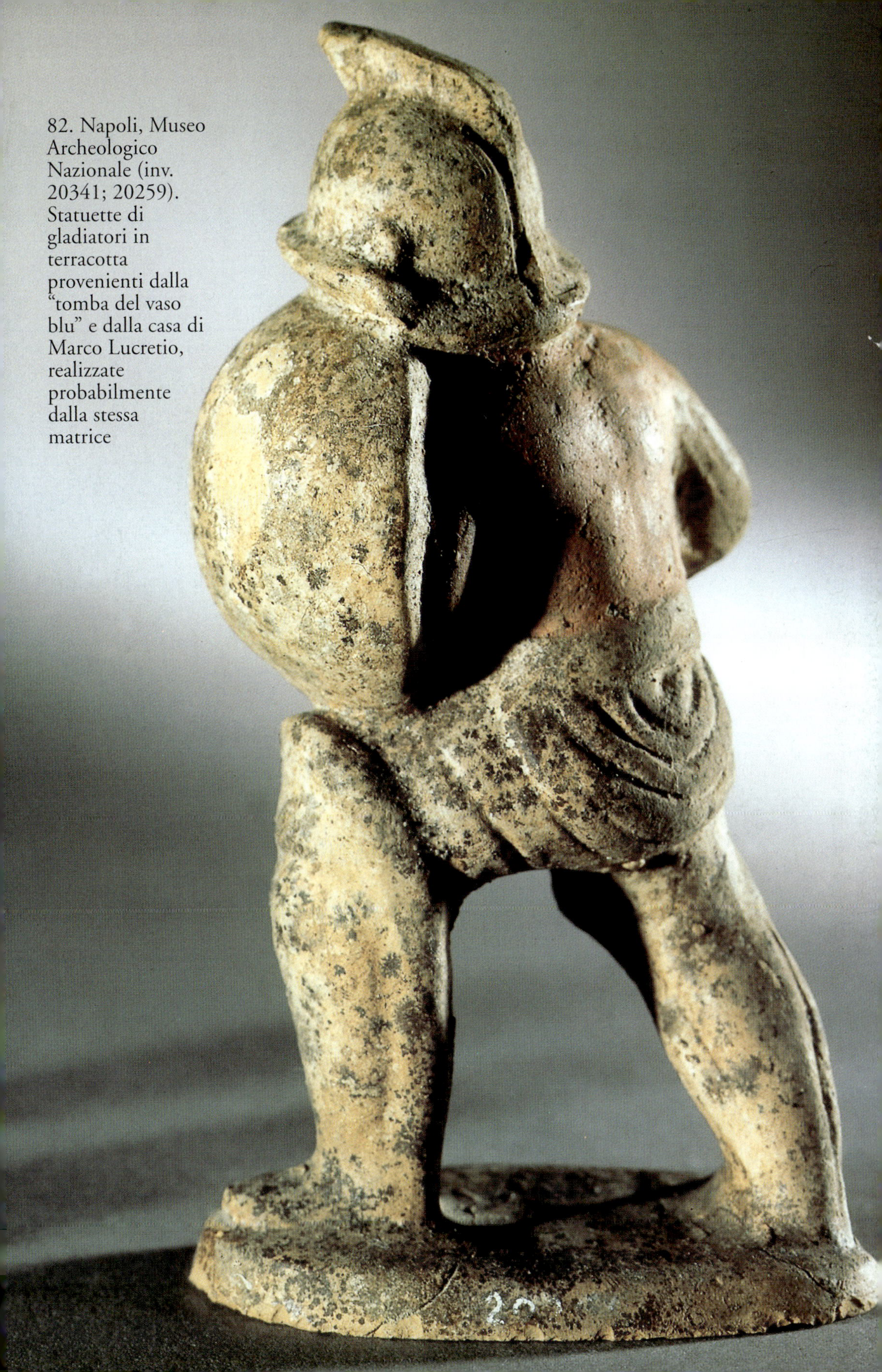

82. Napoli, Museo Archeologico Nazionale (inv. 20341; 20259). Statuette di gladiatori in terracotta provenienti dalla "tomba del vaso blu" e dalla casa di Marco Lucretio, realizzate probabilmente dalla stessa matrice

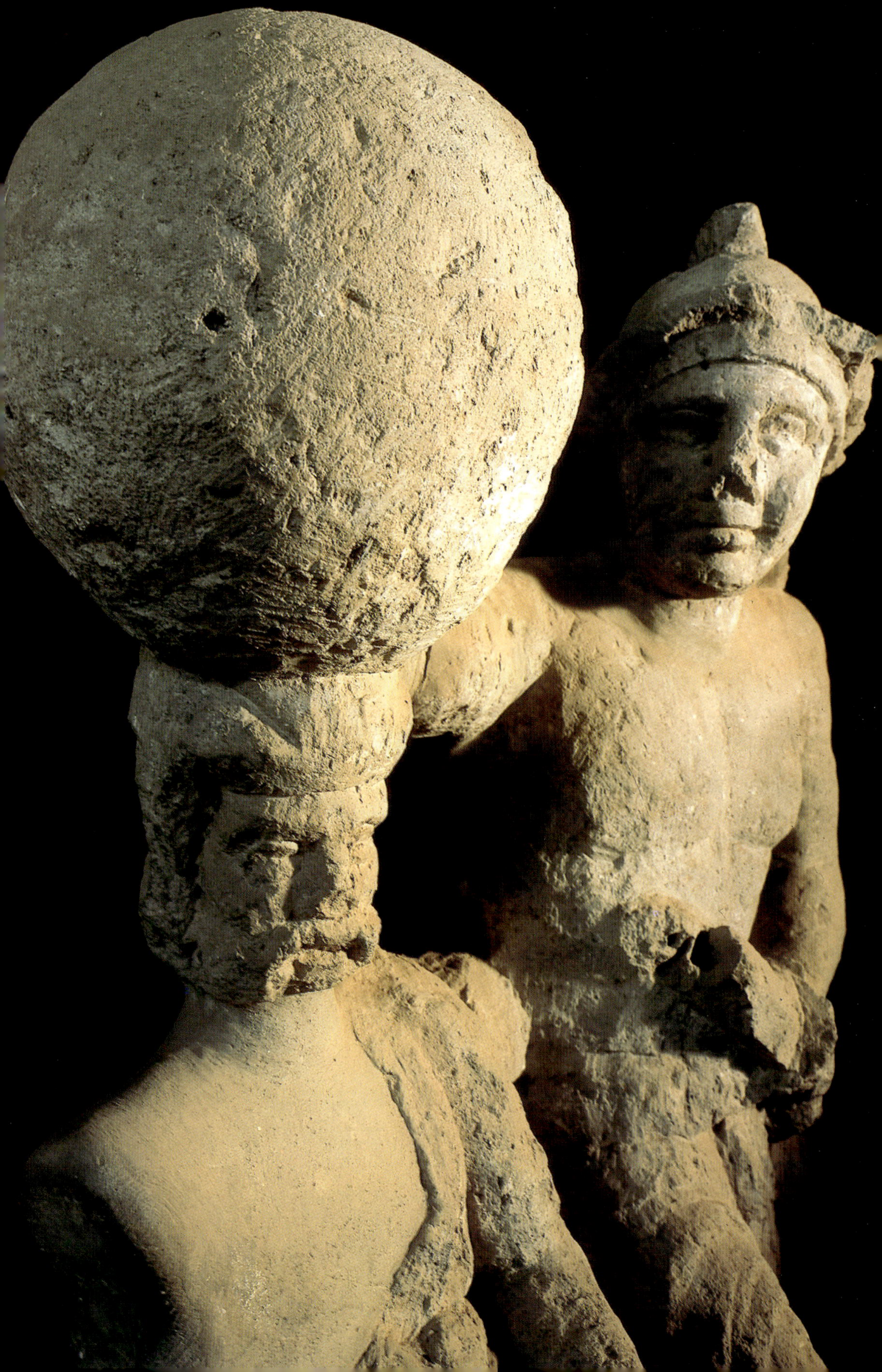

lia già pronti per la prossima vendemmia. Di fronte alla vasca si trova un triclinio, anticamente ombreggiato da una pergola, sul quale ci si poteva sdraiare a mangiare e a bere il vino prodotto dall'oste. Amedeo Maiuri immaginò che l'osteria fosse particolarmente frequentata da coloro i quali, nelle giornate dei giochi, accorrevano in città dalle zone circostanti. Questo spiegherebbe, secondo lo studioso, la presenza della statua del gladiatore, con funzione decorativa e protettiva. Forse vi è raffigurato un *oplomachus*, con elmo crestato, alti gambali e *subligaculum*. Nella mano destra ha una spada corta e dritta, mentre nella sinistra alzata tiene un piccolo scudo tondo. Alla sua destra è Priapo barbuto, raffigurato in una sua posa tradizionale, con il mantello carico di frutti sollevato a scoprire il grosso fallo. Priapo è certamente una presenza beneaugurante, simbolo di fertilità del raccolto e di ricchezza. L'associazione con il gladiatore è stata considerata come ulteriore segno di protezione divina. A Pompei si conoscono altri casi in cui pitture con gladiatori erano associate a larari (VIII 5, 37; IX 3, 13; IX 12, 7), e forse anche in questo caso lo scopo sarà stato quello di potenziarne la forza protettiva.

Probabilmente oltre ad una funzione commemorativa e decorativa, si può ipotizzare che in alcuni casi le rappresentazioni gladiatorie avessero una funzione beneaugurante. Queste immagini evocatrici di vittorie al pari di atleti vincitori o a rami di palma tanto spesso rappresentati a Pompei, saranno stati visti come simboli favorevoli per la casa e i suoi abitanti. Dunque la presenza di immagini e rappresentazioni di gladiatori nelle case, nelle tombe, nei larari, dimostra non solo quando profondo e capillare fosse la passione popolare per questi divi dello spettacolo, ma anche quanto complesso e degno di ulteriori studi e approfondimenti sia la funzione ed il valore – anche apotropaico – che ad essi veniva attribuito.

83. Pompei, deposito archeologico (inv. 11739). Statua in tufo di gladiatore dalla cosidetta Caupona del Gladiatore.

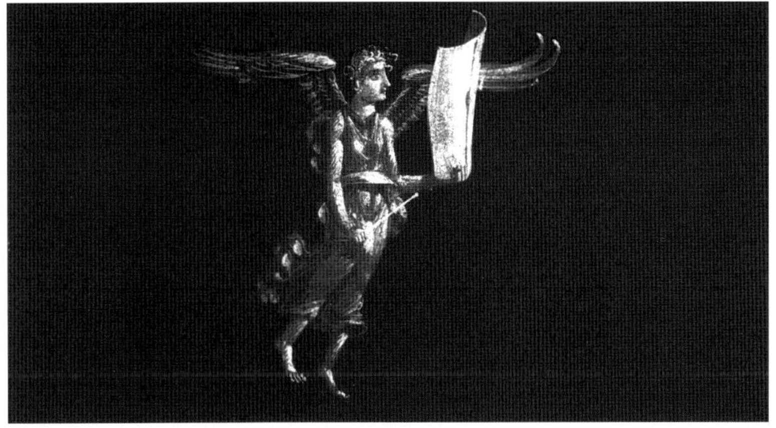

LA RISSA DEL 59 D.C.

Tumulti provocati dalle opposte tifoserie sostenenti questo o quel campione, questa o quella scuola di gladiatori non erano rare nel mondo romano, ma la rissa scoppiata nel 59 d.C, nell'anfiteatro di Pompei fu tanto grave da meritare un ricordo negli Annali di Tacito (XIV, 17). *Livineius Regulus*, un ex senatore espulso dal senato dall'imperatore Claudio, apprestò degli splendidi giochi nell'Anfiteatro di Pompei, ai quali accorsero gli abitanti dei centri vicini. Secondo il racconto di Tacito, durante lo spettacolo fra Pompeiani e Nocerini scoppiò una rissa, iniziata con un banale scambio di insulti. Dalle parole si passò ai fatti: vennero lanciate delle pietre e poi si passò alle armi. Poiché era assolutamente vietato portare armi in luoghi pubblici, verosimilmente l'attacco fu premeditato. In realtà esisteva fra Pompeiani e Nocerini un'antica ruggine probabilmente a causa di questioni di confini e di pretesi diritti violati. Dopo la guerra sociale Nocera che, differentemente da Pompei, era rimasta fedele a Roma, si vide attribuire il territorio di *Stabiae*. L'assegnazione dell'agro stabiano dovè essere una prima causa di dissidio fra le due città. Ad accrescere le tensioni ci fu il rafforzamento della Colonia di Nocera voluto da Nerone nel 57 d.C. - solo due anni prima della rissa - con l'immissione di nuovi veterani (Tacito, *Annali*, XIII, 31). Di questi rancori non c'è cenno nel passo di Tacito, mentre emergono in alcuni graffiti pompeiani (CIL IV, 1329, 2183, 1293). Tacito continua il racconto della rissa sostenendo che i Pompeiani ebbero la meglio nel combattimento e che molti Nocerini furono portati a casa morti o mutilati. L'eco del luttuoso avvenimento giunse a Roma. L'imperatore rimise il giudizio della questione al Senato che incaricò i consoli di indagare sul fatto. Dopo l'indagine il Senato decise di esiliare tutti coloro che erano implicati a vario titolo nell'avvenimento, compresi l'organizzatore dei giochi, e i duoviri dell'anno (*Pompeius Grosphus* e *Pompeius Grosphus Gavianus* padre e figlio adottivo) e di chiudere l'Anfiteatro per dieci anni. La squalifica però durò meno. Gli studiosi hanno proposto diverse ipotesi circa la ripresa dei giochi gladiatori nell'Anfiteatro che variano dai pochi mesi ai cinque anni.

Di questo luttuoso avvenimento si conserva un eccezionale documento figurato, l'affresco trovato nella casa I 3, 23 (fig. 58). Vi è rappresentato il momento cruciale dello scontro: gruppi di facinorosi lottano nell'arena e sugli spalti, ma la rissa si è già spostata fuori, sulle mura ed intorno all'anfiteatro, dove per altro venditori ambulanti e semplici passanti sembrano continuare tranquillamente le loro attività. Nel dipinto si legge un'acclamazione a Satrio Valente e a Nerone insieme. Questo elemento è stato considerato di notevole importanza: secondo alcuni studiosi, infatti, fu proprio D. Lucretio Satrio Valente, eminente esponente dell'aristocrazia pompeiana, ad intercedere presso Nerone perché revocasse la squalifica dell'Anfiteatro dopo il catastrofico terremoto che colpì Pompei nel 62 d.C. Con la riapertura dell'Anfiteatro e la ripresa dei giochi tanto amati, i Pompeiani sarebbero stati così in parte risollevati da tanta immane rovina.

DAI GLADIATORI A TIGER MAN
Conoscenza, confronto e morte nello spettacolo del duello*

Duellare tra diversi, per il pubblico. Questo schema, codificato nel corso di un processo antropologico molto complesso, è alla base dell'estetica dei gladiatori. Il *Thraex*, il *Murmillo*, il *Samnes*, il *Retiarius*, che lottano tra loro nell'arena secondo un copione di scontri preordinati, sono l'allegoria dell'eterno confronto tra diversi. Un confronto che, nella storia romana come in gran parte di quella umana, è fatto di scontro e di lotta, di un saggiarsi sulla base della violenza, della misura della propria e dell'altrui forza e abilità; sulla coscienza della propria e dell'altrui debolezza. Tale confronto, in definitiva, è una forma di conoscenza reciproca. Ed è la conoscenza reciproca più terribile, quella che si matura attraverso la guerra. Il feroce e sensuale rituale dei duelli tra gladiatori sembra essere stato innanzitutto costruito come la forma suprema di reificazione spettacolare della guerra, anzi delle guerre. Come in un'antologia di eventi bellici riassunti e concentrati nello scontro ridotto a due soli uomini, le campagne militari della conquista romana si traducono in metafore, che nell'anfiteatro sintetizzano l'affrontarsi tra Roma e i suoi nemici nel duello fra due uomini. Il loro armamento, i loro strumenti d'attacco e di difesa, ne sono il segno dominante. Man mano che la potenza di Roma si allarga dall'Italia a tutto il mondo occidentale i giochi dei gladiatori non sono più duelli tra eguali, che celebrano soltanto il confronto tra la forza e l'abilità dei duellanti. Sono la memoria e l'allegoria di un lungo conflitto con popoli, tradizioni civili e militari che Roma ha sottomesso (e d'altra parte non era già questo il senso del duello tra Orazi e Curiazi?). L'espandersi della potenza di Roma accresce il numero dei popoli da essa piegati. Il *Samnes* è la figura gladiatoria che ricorda la vittoria sui Sanniti; il *Thraex* quella sui Traci. E dunque porre questi attori nell'arena significa innanzitutto simboleggiare la loro esorcizzazione come nemici temibili e vinti solo a prezzo di incredibile ardimento. Certo, in quanto nemici, essi hanno espresso un valore grande, ma non quanto quello dei vincitori. Non a caso, quando i Sanniti divengono alleati dei Romani e dunque sono inseriti appieno nell'orizzonte della romanità, il loro costume viene abolito dai giochi. Il nemico si esor-

**Questo scritto è dedicato alla memoria di Maurizio Fagiolo dell'Arco, ed alla ricchezza del suo intelletto e del suo sapere.*

cizza facendone lottare l'emblema vivente nell'arena, dove nello spettacolo gladiatorio si può anche ribaltare occasionalmente la storia. Ma un ex nemico divenuto alleato va rispettato, e soprattutto perde il suo potenziale di terrore e d'inquietudine, e dunque sarebbe irrispettoso ridurlo a figura metastorica di avversario da esorcizzare. Sicché, man mano che la sottomissione dei popoli all'interno della romanità viene compiuta, le figure dei gladiatori sembrano riflettere sempre meno il loro carattere di richiami simbolici alla guerra vera, quella tra due popoli, tra due concezioni della civiltà, tra due modi di affermarla attraverso le tecniche e le strategie di combattimento. Ad esempio le gladiatrici, altro prodigioso *monstruum* nell'antologia di supereroi dell'arena romana, possono essere state suggerite dal mito delle Amazzoni, e anche per questo la loro lontananza dal mondo romano sarà stata ben simboleggiata dalle donne etiopi fatte combattere da Nerone in onore del re armeno Tiridate. Mevia, che Giovenale fa lottare nell'arena con i cinghiali, a seno nudo e di spada, sembra una reincarnazione di Diana. È dunque la legge della natura (*Murmillo* contro *Retiarius*, i combattenti contro le belve), o il mito (le donne etiopi o Mevia), più che la storia, diventano gradualmente il fondale dei riferimenti simbolici degli spettacoli gladiatori nella loro fase codificata.

Lo spettacolo gladiatorio si costituisce progressivamente come antologia di scontri a dittico, in cui gli emblemi incarnati dai gladiatori si confrontano nuovamente sul piano astratto del duello tra diversi, eguagliati dalle regole e dal contesto dello scontro. La divizzazione dei gladiatori, con tanto di fans e tifoserie avverse, sposta sul piano della individualità il significato della loro figura pubblica. In una società complessa ed altamente alfabetizzata come quella romana, la straordinaria quantità di materiale epigrafico e di testi scritti ancor oggi noti fa intravedere già in nuce i primi processi di mediatizzazione dello spettacolo e la produzione di fenomeni del costume che oggi consideriamo connaturati alla nostra vita sociale. In tal senso i tornei dei gladiatori sono popolari, ma nell'accezione più complessa ed estesa del termine: lo scontro tra gladiatori famosi è un duello tra divi, e il loro modo di combattere è in sé un esercizio di stile e di gusto, se così è possibile definire le forme di uno scontro fisico.

A partire dai giochi dei gladiatori la spettacolarizzazione del duello avvia un percorso secolare, che in ogni epoca assume forme diverse. Nel medioevo l'epica cavalleresca, con le sue regole, i suoi duelli e i suoi eroi, è un fatto destinato ad un segmento socialmente più piccolo, regolato da rituali più diversificati di quanto accadesse negli spettacoli gladiatori del mondo romano. Nel medioevo di violenza ce n'è tanta, in primis quella della guerra, ma manca il sistema-stato romano che universalizza leggi, istituzioni, consuetudini, e che regola anche le forme della violenza sociale. Altre categorie di idee sorreggono le forme del duello codificato all'interno del torneo cavalleresco. Il re o il feudatario assistono assieme al popolo a duelli in cui l'abilità dei contendenti non si esprime tanto nello scontro fisico per la difesa dell'onore – tipica categoria medioevale, peraltro – quanto nella selezione dei migliori cavalieri al servizio del loro sovrano. Teatro del torneo non è più l'anfiteatro romano, ma la corte del castello o la piazza d'armi presso le mura della città. E tutto il contesto del torneo cavalleresco è più circoscritto, più locale, molto meno laico e interclassista dello spettacolare e meticoloso show-business universalistico romano.

In tale fase della storia dell'Occidente lo spettacolo del duello si incentra spesso sul confronto tra nemici di differenti religioni: si pensi agli scontri tra cavalieri cristiani e musulmani sotto le mura di Gerusalemme, trasfigurati più tardi nei mitici duelli della *Gerusalemme Liberata*. È la Cristianità a trovare nel cavaliere il suo simbolo di martire laico, a dispetto delle attitudini feroci e spesso amorali di coloro che incarnavano questa figura. Peraltro, nasce in questa fase anche l'idea di aggregare in un ordine cavalleresco coloro che sono in possesso degli stessi caratteri di fede, integrità, coraggio: i Templari, ad esempio, che sono un esempio di aggregazione di più uomini sotto un solo emblema, in questo caso quello della Sindone, stemma di difesa della fede, di coraggio e di disciplina militare. L'antico costume del gladiatore si fa uniforme, simbolo di un corpo d'élite che condivide gli ideali religiosi e la classe sociale, ma anche la formazione alle arti del duello e della guerra. E gli scopi di questo corpo di élite non hanno nulla di ludico, anche se fanno mostra di sé nei tornei. È la guerra l'obiettivo finale, e la ritualizzazione dello scontro mediante il torneo e gli allenamenti è esattamente ribaltata rispetto al mondo romano: lì lo spettacolo è l'allegoria della guerra, qui ne è la preparazione e il preannuncio, se non l'attuazione.

La forza di questa tradizione trapassa dal medioevo alla prima età moderna. In quella commistione tra tradizioni classiche e medioevali che contrassegna tanta parte del Quattrocento nordico il torneo ha ancora uno spazio notevole: la giovinezza di Carlo V era ancora segnata dalle prove pubbliche di *courage* nei tornei tra cavalieri fiamminghi e borgognoni, tra i quali il futuro imperatore sarebbe cresciuto. E proprio in virtù di queste tradizioni medioevali, ancora vive durante l'Autunno del Medioevo, il divismo del cavaliere trova i suoi emblemata nel colore e nei segni degli stemmi. Simbolo di casta, di famiglia, di storia, ancora nella prima metà del Quattrocento gli stemmi sono la proiezione e l'apice delle leggendarie immagini della Sala baronale del Castello della Manta, presso Saluzzo. Appesi agli alberi che scandiscono il fondale delle figure dei re e dei loro guerrieri, gli stemmi si riverberano nel decoro araldico degli abiti e delle armi dei loro titolari. Ed è notevole lo scarto tra Goffredo di Buglione o Carlo Magno e il *Retiarius* o il *Samnes* romani, che sono figure laiche e riferibili solo allo spettacolo gladiatorio, salvo poi individualizzarsi in quanto divi della loro specialità nella coscienza del pubblico.

Nel Rinascimento i giochi dei gladiatori trascolorano di fatto nella dimensione del mito: proprio Carlo V, nella sua ansia di proporsi come imperatore nuovamente universale, si rifarà alla tradizione romana per convincere i suoi feudatari più potenti e bellicosi che le sue prerogative vanno ormai oltre quelle di un *primus inter pares*. E dunque, proprio perché simboli del mito di un mondo classico, ricco di stimoli vitali per il potere e per gli intellettuali, le vestigia del Colosseo o di altri anfiteatri romani spingono gli eruditi a ricostruire non solo le antichità dei *Ludi*, ma anche i loro rituali. Antiquario colto e amato dai bibliofili è il padre agostiniano veronese Onofrio Panvinio (1529-1568); la sua opera *De Ludis Circensibus*, edita postuma nel 1570 ma più volte ristampata nel corso del Seicento, è la prima collazione sistematica della materia, e si pone come un possibile seguito ideale dei *Trionfi di Cesare* dipinti da Andrea Mantegna per Francesco Gonzaga

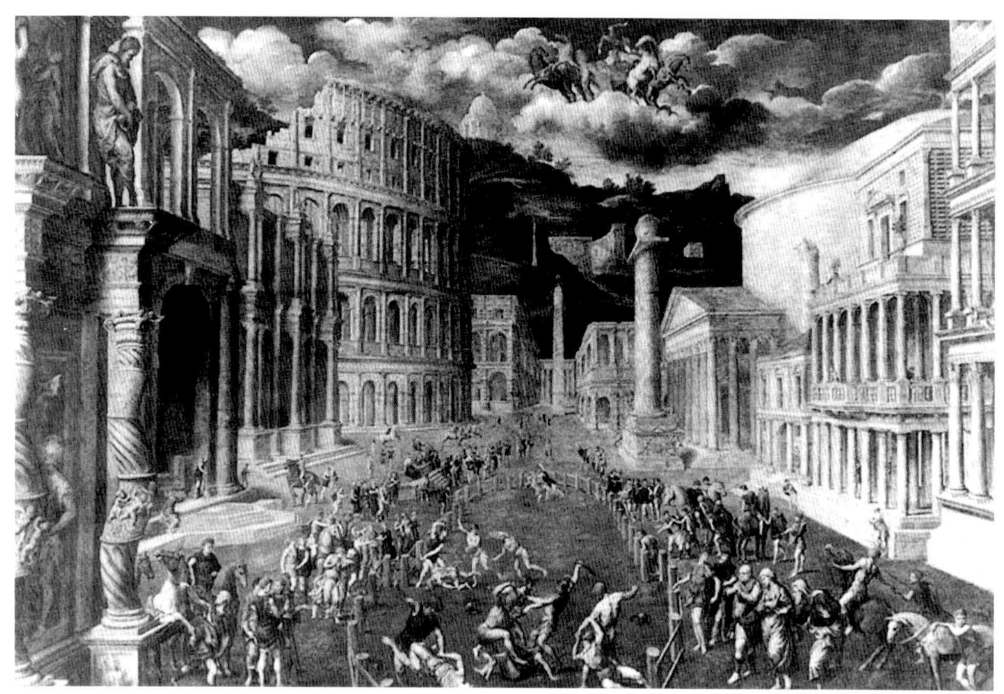

84. Vienna, Kunsthistorisches Museum. Paris Bordone, Giochi di Gladiatori in Roma fantastica (1560 circa).

nell'ultimo decennio del Quattrocento. Le puntigliose ricerche antiquarie di Panvinio ricostruiscono più o meno esattamente l'arena, le figure in combattimento, i contesti architettonici e operativi dei giochi dei gladiatori. E non sembra casuale che il revival del mito gladiatorio produca presto opere che indicano la diffusione di una specifica *imagerie*: ad esempio la *Battaglia di Gladiatori* di Paris Bordone a Vienna, Kunsthistorisches Museum, del 1560 circa, un'immensa scena di 2 metri e 18 per 3 metri e 29, chiaramente in sintonia con le stampe prodotte da Dupérac per il libro di Panvinio (fig. 84). Qui il mito di Roma è sintetizzato in un largo viale, astratto come poi in De Chirico, ai cui lati si dipana un'antologia mentale dei monumenti più noti dell'Urbe: a destra il Settizonio, il Pantheon, la Colonna Traiana, fino all'obelisco egizio di Augusto; a sinistra l'Adrianeum e il Colosseo. Al centro di quest'Urbe immaginaria si confrontano in una tenzone simultanea molti combattenti, appena separati dal pubblico da una transenna, come se i ludi si fossero spostati dall'Anfiteatro alla strada: forse una restituzione astratta del Foro? Opere come quella di Paris Bordone sono espressione e terreno di coltura di tanto classicismo laico che non solo a Venezia, dove fu stampata la prima edizione del *De Ludis Circensibus*, ma soprattutto a Roma troverà un esteso impiego e l'espansione di un repertorio visuale senza il quale sarebbero impensabili le opere di alfieri del classicismo come Nicolas Poussin, Pietro Testa, Giacinto Gimignani e lo stesso Pietro da Cortona.

Le opere di Panvinio e di Bordone saranno fonti importanti per la rinascenza del mito dei *Ludi*, e con esso dei gladiatori, che troverà il suo culmine nelle scelte di committenza del Conte Duca Olivares per il corredo pittorico del Casón del Buen Retiro, a Madrid. Qui, nella residenza

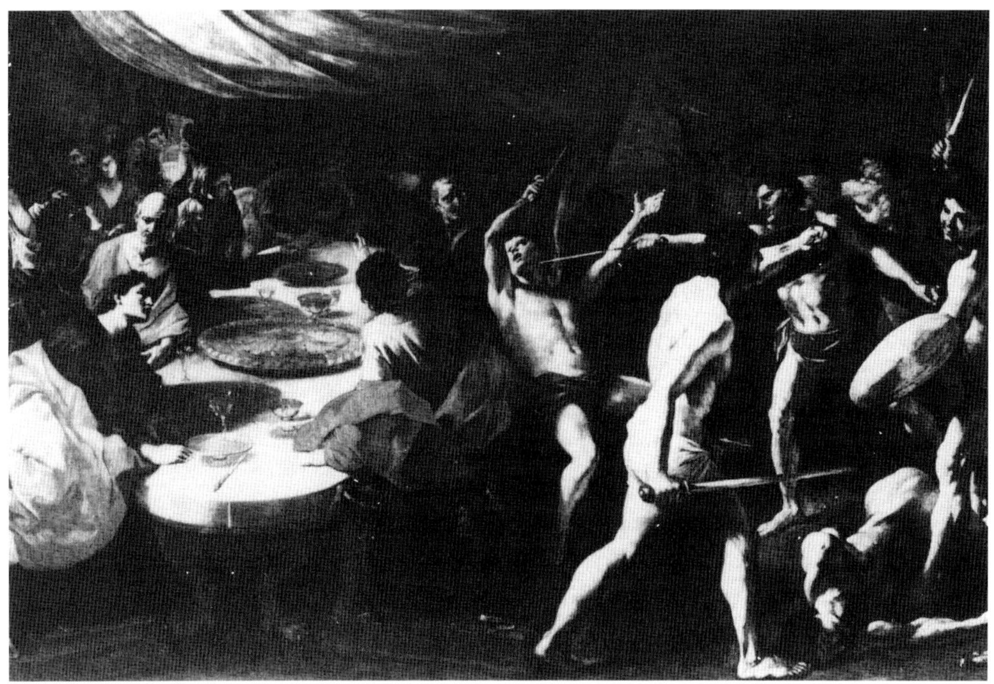

estiva di Filippo IV, una complessa rete di rimandi simbolici era destinata a mostrare gli ascendenti classici e imperiali della dinastia spagnola. Se una parte delle opere ordinate in tutta fretta durante il quarto decennio del Seicento sarà destinata a rievocare i fasti della conquista spagnola – per il Buen Retiro fu eseguita la famosa *Resa di Breda* di Velázquez, oggi al Prado – è il tema degli *Otia* e dei *Ludi* a segnare gran parte delle opere commissionate tra Roma e Napoli. Così nascono il *Duello di gladiatori durante un banchetto* di Giovanni Lanfranco (fig. 85) e le famose opere di artisti napoletani come Aniello Falcone, Micco Spadaro, Andrea de Lione, Viviano Codazzi, etc. I cosiddetti *Gladiatori* di Aniello Falcone al Prado (1635-40 circa), oggi più correttamente considerati dei *Lottatori*, sono una parata di atletici nudi di accademia colti in una conversazione un po' mesta sotto la statua della Vittoria. Il destino dell'atleta è legato ad essa; il fato decide la sorte del combattente, a prescindere dalla sua abilità e dalle sue virtù fisiche. Una patina neostoica tinge ora l'estetica del duello e del confronto. Nella sterminata serie di tele per il Buen Retiro il nuovo imperatore, Filippo IV, viene dunque celebrato tornando alla classicità dei ludi romani. I gladiatori e la loro attività sono uno degli attributi di questa celebrazione, e la classicità come *exemplum* è un terreno d'esperienza che si riverbererà su tutte le vicende della fortuna del mito dei gladiatori.

85. Madrid, Museo del Prado. Giovanni Lanfranco, Duello di gladiatori presso un banchetto (1637-40).

Il Settecento eroico, e perciò più capace di riscoprire la lezione morale della classicità, esplora raramente il topos del duello ma con esiti a volte altissimi, come nella *Morte del Console Bruto* di Giambattista Tiepolo a Vienna, Kunsthistorisches Museum (circa 1725-30). Nel Settecento l'estetica del duello è innanzitutto un apologo della redenzione morale: nelle *Liaisons dangereuses* di Pierre Chorderlos de Laclos, Valmont, canone assoluto di amoralità, paga stoicamente il conto delle sofferenze inferte nelle complesse geometrie dei suoi amori morendo in duello, e riscattando con serenità la sua vita. Il duello non è più uno spettacolo, ma l'allegoria di un confronto morale. La sua funzione – narrativa, figurativa - non è più l'esorcismo spettacolarizzato, nell'arena, di un nemico sconfitto e delle paure che questo nemico ha causato, ma un drammatico confronto rituale tra esistenze, stili di vita, modelli etici incarnati nell'individuo. A questa stessa logica, non a caso nel contesto storico delle guerre napoleoniche, obbediscono le due complesse figure attivate da Ridley Scott ne *I duellanti* (1977): ad uno sfidante perennemente in cerca del confronto corrisponde uno sfidato che vorrebbe invano sfuggirgli, e che nel vincere lo scontro finale decreta la morte dell'avversario. Ma non una morte fisica, bensì l'obbligo per l'ossessivo rivale a scomparire dalla sua vita. Uno schema per molti versi affine a *Il duello* di Heinrich Von Kleist, un dramma in cui lo scontro si svolge a più livelli - non esclusa la violenza - ma soprattutto sul piano della strategia mentale, in un continuo rovesciamento di ruoli morali.

L'Ottocento sarà fortemente indebitato con questa visione, e ne porterà avanti gli aspetti più legati al pathos: *Pollice verso* di Jean Léon Gérôme (1872) (fig. 21) è un tragico epilogo teatrale. L'elmo scintillante del vincitore, ogni dettaglio delle sue armi, il velarium dell'arena, l'architettura, sono definiti da una filologia acuta, capace di dar vita agli oggetti osservati dal pittore nei musei con un'esattezza da illustratore di libri di archeologia. Lo spettatore non vede il volto del vincitore né quello dello sconfitto. Può solo cogliere, nella perfezione della penombra proiettata dal velarium sull'arena, il plastico dittico delle due figure: una a terra, l'altra in piedi, entrambe unite nell'accettazione passiva del verdetto. Jérôme drammatizza l'esperienza del gioco gladiatorio in una triste allegoria del destino, e predispone con il suo eccezionale dipinto un'immagine-guida per la vasta produzione di *peplum movies*, dispiegatasi lungo buona parte del XX secolo.

Ma prima di far cenno a questo aspetto dell'arte del Novecento, va registrata ancora qualche tappa in pittura dell'eterna ricorrenza del classico applicata al tema dei gladiatori. Il 27 febbraio 1928, per l'inaugurazione del Teatro Reale dell'Opera di Roma, si rappresenta il *Nerone* di Arrigo Boito. Nelle sue scenografie Duilio Cambellotti produce una rivisitazione del tema gladiatorio in alcuni bozzetti di notevole freschezza. L'apologo di Boito trova una nuova espressione per immagini. Quelle dei gladiatori sono soprattutto incentrate sulla fisicità dei corpi anziché sugli attributi del combattimento, e paradossalmente è questa scelta a privare i costumi di quella adesione alla veridicità storica che si era mantenuta fino a Jérôme. In Cambellotti gli atleti sono figure in cui i corpi sono più importanti del loro armamento, come nei marmi dello Stadio Olimpico di Roma. Il classicismo filologico ottocentesco è definitivamente consumato in una visione atemporale, esistenziale, che dal punto di vista figurativo ha ormai poco a che fare con la storia.

La fine dell'interpretazione puramente storica e filologica dell'immagine del gladiatore trova il suo apice in un ciclo figurativo straordinario quanto poco noto. Nello stesso anno in cui Cambellotti produce scene e costumi per il *Nerone* di Boito, Giorgio De Chirico si vede commissionare dal colto collezionista Leonce Rosenberg una serie di

ABBREVIAZIONI

ADS	Archivio Disegni della Soprintendenza Archeologica di Napoli
BdI	Bollettino dell'Istituto di Corrispondenza Archeologica.
CIL	Corpus Inscriptionum Latinarum.
GdS	Giornale degli scavi di Pompei, Napoli.
MemAmAc	Memoirs of the American Academy in Rome.
MemLinc	Atti della reale Academia Nazionale dei Lincei. Memorie della classe di scienze morali, storiche e filologiche, Roma.
NSc	Atti della reale Acc. Nazionale dei Lincei. Notizie degli Scavi di Antichità, Roma.
PAH	G. Fiorelli, *Pompeianarum Antiquitatum Historiae.*
PPM	Pompei. Pitture e Mosaici.
RM	Mittcilungen des Deutschen Archaeologischen Intituts. Roemische-Adteilung.Rom.Berilin ecc.

INDICE DEI NOMI, LUOGHI E COSE NOTEVOLI

INDICE DEI NOMI, LUOGHI E COSE NOTEVOLI